其实我也是一个热爱律师行业并正在成长路
既然热爱就该不遗余力地去琢磨、去实践
——罗艺

luoyi

罗艺

中共党员

中国政法大学民商法硕士

现任四川韬世（天津）律师事务所主任、律师。

　　天津市律师协会政府法律顾问委员会委员，天津市"七五"普法讲师团讲师，天津市妇联巾帼普法讲师团讲师，点睛网络律师学院高级培训师，天津电视台《法眼大律师》特邀点评嘉宾，天津广播电台《今晚有说法》特邀点评嘉宾，"喜马拉雅"天津站法律顾问。2017年荣获天津市南开区"三八红旗手"，首届"律政先锋"青年律师职业风采大赛最佳演说奖、诉讼类优秀案例奖等荣誉。

　　罗艺律师擅长企业法律风险防控、高净值人群财富管理与传承、青年律师职业发展、时间管理和效率提升等方面的培训；对个人快速成长和知识管理方面颇有心得，曾在知乎 Live 上做过"技术派律师演讲场景结构化技巧""五步构建自己的知识管理体系""律师如何打造个人品牌"等线上分享活动。

天津广播电台
对罗艺律师专访

THE THEORY OF LAWYER EVOLUTION

EIGHT ADVANCED SKILLS FOR YOUNG LAWYER

律师进化论

青年律师的八个进阶技能

罗艺◎著

知识产权出版社

全国百佳图书出版单位

图书在版编目（CIP）数据

律师进化论：青年律师的八个进阶技能／罗艺著．—北京：知识产权出版社，2018.8

（2021.9 重印）

ISBN 978-7-5130-5768-4

Ⅰ.①律… Ⅱ.①罗… Ⅲ.①律师业务 Ⅳ.①D916.5

中国版本图书馆 CIP 数据核字（2018）第 187776 号

责任编辑：齐梓伊　　　　　　　　　　执行编辑：樊纬航

封面设计：久品轩　　　　　　　　　　责任印制：刘译文

律师进化论

——青年律师的八个进阶技能

罗 艺 著

出版发行：	知识产权出版社 有限责任公司	网　址：	http://www.ipph.cn
社　址：	北京市海淀区气象路 50 号院	邮　编：	100081
责编电话：	010-82000860 转 8176	责编邮箱：	qiziyi2004@qq.com
发行电话：	010-82000860 转 8101/8102	发行传真：	010-82000893/82005070/82000270
印　刷：	天津嘉恒印务有限公司	经　销：	各大网上书店、新华书店及相关专业书店
开　本：	880mm×1230mm　1/32	印　张：	8.25
版　次：	2018 年 8 月第 1 版	印　次：	2021 年 9 月第 3 次印刷
字　数：	220 千字	定　价：	58.00 元

ISBN 978-7-5130-5768-4

近日，罗艺给我邮寄来一封信，邀请我给她的新书《律师进化论——青年律师的八个进阶技能》写推荐语。

她说她自进入律师行业以来，误打误撞地以"律师界最爱演讲、演讲界最懂法律"的标签"自诩"，后来在简书、公众号等平台坚持每天写一篇小文章，同时在线上和线下与很多青年律师分享自己的执业心得，渐渐地在律师行业里被众多青年律师所认可。

一个青年律师，如此重视演讲和写作，这应了我经常说的那句话："律师能说会写是执业的基本功，也是自身业务发展的立身之本。"这是因为，一个成功的青年律师，专注于律师的演讲和写作，必然有助于提升成长的速度和认知的广度。

青年律师除了演讲和写作之外，还应该具备什么能力呢？在本书中，罗艺作出了解答，包括检索、思维、效率、谈判、心理、营销。在我看来这既是基于演讲和写作的延展，也是青年律师进阶的基本技能。

罗艺律师的成功说明：律师，尤其是青年律师，在执业律师业务的同时，不断提高自己的演讲和写作能力，就一定能够有所作为。我希望刚刚步入律师行业的青年律师，都能像罗艺律师一样，从演讲和写作入手，在扎实自己的专业能力的基础上，逐步拓展综合能力。

如果要给律师贴一个标签，那就是能说会写。如果要给本书作者贴个标签，那就是正在努力追求成为能说会写的律师。从本书的内容可以看出，作者对于能说会写是花了心思研究、费了时间探索、用了心力锻炼，因而最终成就了本书的跨界特色与创新意义。能说会写不仅包括平常所说的演讲与写作，而且也涵盖被人忽视的检索与谈判，还针对必不可少的思维与心理，更融合真刀实枪的效率与营销。由此可见，能说会写既是律师的看家本领，也是律师的专业形象，更是律师的社会品牌。简而言之，这就是能说会写带给我们的标签。如何成为能说会写的律师，本书或许提供了一个值得青年律师借鉴参考的范本。

你梦寐以求的升级攻略，有人已经为你准备好了（代序）

玩过 RPG（角色扮演）游戏的朋友都知道，在一开始选择职业角色时，角色的初始参数都差不多一样，但是到后期随着属性点、技能点、装备搭配的不同选择，同等级的玩家实力差距会逐渐增大。

初试 RPG 游戏的玩家，往往没有规划加点的概念，觉得速度慢了就加几点敏捷值，觉得伤害输出小了就使劲加力量值。缺啥补啥，跟着感觉走，初期看不出有什么毛病，还打得挺爽，但是到了中后期，就会发现很多问题。例如，要学新技能却发现智力值点数不够，只好升到 40 级攒够点数加在智力值上才能返回来学 35 级就该掌握的技能；例如，打到符合所选职业的高级装备，却发现法力值不够穿不上身；例如，跟同级别的玩家 PK 总是输，甚至会被比自己级别低的"菜鸟"碾压……纳闷之余上论坛查攻略，才发现因为一开始的加点失误，导致技能、装备乃至综合实力跟等级相比都严重滞后。怎么办？解决办法有 3 个：

1. 从头开始练个新号，按照攻略谨慎加；
2. 斥巨资购买洗点道具，重新分配点数；

3. 骂一句"什么破游戏",再也不玩了。

当然也可以就这样破罐子破摔,安慰自己不用那么努力也可以享受游戏的乐趣。然而眼睁睁看着别人一路向前,自己徒有一身热血却心有余而力不足,这真的是乐趣吗?

说了半天 RPG 游戏,聪明的你一定能感受到,所谓游戏,玩的人多了,就成了现实人生的缩影。平庸、焦虑、中年危机、层级固化、被同龄人淘汰……游戏可以重来、可以洗点、可以弃坑,人生却只有一次,谁不想从一开始就拿到攻略?

如果你在人生这场无法重置的游戏中,选择了"律师"这个职业,那么,罗艺律师的这本《律师进化论——青年律师的八个进阶技能》,就是你不可错过的"加点攻略"。

能力强收入高的律师有很多,但不是所有厉害的律师都懂得如何传授知识技能。得益于曾经是高职院校教师的经历,罗艺律师在梳理、整合知识以及传授、输出知识上,自有其独到之处。同时,热爱跨界的她,并非机械地输入输出,在从输入到输出的路径中,又结合律师职业特性,做了充分的思考与切合。

演讲、写作、检索、思维、效率、谈判、心理、营销,罗艺律师把自己花了大量时间、精力、金钱学来的知识,拆分重组,揉进律师职业所需的综合能力中,写成这本升级攻略。这对刚刚进入或即将进入律师行业的青年律师们而言,堪称一份周到、周全、周正的"超值新手大礼包"。

这个时代最具价值的,就是能够帮人们用最少的时间和精力来获得最大利益的服务。现在请翻到最后几页看看附录的参考文献和推荐书单，你就会明白罗艺律师为你节约了多少阅读著作、归纳要点的时间，为你省了多少试错、摸索、走弯路的精力。这些时间和精力，是当你终于领悟的时候，已经流逝就再也无法重新拥有的珍宝。

无论你把这本书当做进阶指南还是升级攻略，它都应该被放在伸手就能拿到的地方而不是被束之高阁，它应该被翻得折皱松散而不是被呵护如新，它应该是你所有实用知识、技能类书籍的总目录。你梦寐以求的升级攻略，罗艺律师已经为你准备妥当，请查收，愿善用之！

谭万潇

2018 年 7 月 3 日

自　序

一

"你好，我是律师界最爱演讲的、演讲界最懂法律的罗艺律师。"

每次开场，我都会用这种极具个性化和差异化的方式介绍自己。有的人赞赏说我是跨界的"斜杠"青年，也有的人批评说我这是不务正业的体现。

不管怎样，我都在别人的头脑中植入了我的个性标签。瞧，做自己就是如此简单，没有你想象得那么难。

我记得有一次一家自媒体采访我时，问我："现在在律师业内，很多人都管你叫'网红'律师，你怎么看？"

我说："可能以前'网红'这个词是一个贬义词，但是随着社会和时代的发展，'网红'逐渐演变成中性词"。

"那你想成为一个什么样的律师呢？你的律师梦是什么？"

"说真的，在我心中确实怀揣着一个律师梦。我想成为一名跨界、新锐、高颜值的女律师。"

先说跨界。所谓跨界就是把律师的工作场景和其他行业的底层规律融合在一起。例如，可以把律师工作和心理学结合在一起、和演讲结合在一起、和营销结合在一起。这就是跨界。

其次新锐。作为律师要勇于接受新鲜事物，敢于尝鲜，顺应时代的发展，走在时代的尖端。应该善于用文字和语言去表达自己的观点，善于使用工具来提升律师的工作效率，善于用自媒体打造自己的个人品牌。这就是新锐。

最后高颜值。我经常说我是律师界最爱演讲的，其实在演讲界流传着这样一句话，想学好演讲一定要遵循三个原则：坚持、不要脸和坚持不要脸。虽然我在演讲的路上一直遵循着这三个原则，但是我认为女律师嘛，还是应该注意个人形象，高颜值、职业范儿，随时随处都体现律师的魅力。

所以，我认为我的这个跨界、新锐、高颜值的律师梦并不是梦，因为我正朝着这样一个方向在实践、在前行。

（一）辞职做自己，教师到律师的华丽转身

一年前，我还是一名"高职教师＋兼职律师"。2016 年 3 月，我正式从工作了 11 年的高职院校辞职，成为了一名专职律师。

以前做自我介绍的时候我会说："大家好，我是大学老师兼职律师"。听到我这么说的人，通常都会无一例外地和我有着这样的对话："哇，你是大学老师啊？哪个大学的？教什么专业的？"

当他们得知我在高职院校教思想政治的时候就会哈哈大笑起来，然后说，"嗯，兼职律师教思想政治其实也挺好的。"

我知道，这种笑是情不自禁且发自内心的，但我愿意相信这样的笑是善意的。

有人说在大学里一边当老师一边兼职做律师是最令人羡慕

的，多少人可望而不可及，辞职太过可惜。但有一句话说得特别的好，鞋合不合脚只有穿的人知道。

马云有一句经典的话，他说："员工的离职原因林林总总，只有两点最真实：一是钱，没给到位；二是心，委屈了。这些归根结底就一条：干得不爽。"

当然，从安逸稳定的学校离开，可列举的原因有很多，但最大的原因在于：别人眼中的稳定清闲，在我看来无异于浪费生命。

以前我和学生讲过一个概念，叫"职场橡皮人"，它是一个贬义词，说的是长时间在同一个单位工作而毫无成长空间，从而遇到"瓶颈"、思想疲沓、停滞不前，这样的人生对我来说即使再坚持也如同鸡肋，毫无意义。

2015年，中央电视台原著名主持人张泉灵在辞职后发了一条名为"生命的后半段"的长微博，她说如果好奇心已经在鱼缸外，身体还留在鱼缸内，心会乱吧，跳出的"鱼缸"不是体制，而是思想模式。

跳出原来的"鱼缸"，做自己喜欢的事业，死而无憾。既然，那份看上去的美好已经满足不了我的发展，最多也只是原地踏步，那莫不如抓紧时间选择在热爱的事业上奔跑前行。

你说我追求理想也好，说我不甘平凡也好，从学校辞职华丽转身为专职律师的决定，让我做回真正的自己。

(二) 跨界做自己，爱上演讲打造超级IP

虽然在专职律师之前有3年的兼职律师经历，但彻底从教师到律师的转变并非一帆风顺，正所谓理想和现实往往存在着很大差距。

2016年3月到9月的这半年，我在不断地试错和探索，想快速奔跑却找不到明确的方向，想多维度发展却在乎别人的眼光。这半年，就好像一个不会游泳的人，不顾一切地跳下海，然后，拼命地挣扎。

在人生的低谷期，我加入了"头马国际演讲俱乐部"①，从对演讲凭感觉的自我良好，到有条不紊的实践练习，从把演讲作为兴趣爱好，到将演讲作为突破口，点亮自己的标签，半年来演讲一直陪伴着我，给我信心和力量。

2016年9月11日，我无意中参加了一个演讲社群的线下活动，在这次线下活动中我感受到了前所未有的正能量。"当你犹豫做或不做的时候，就要去做""坚持不要脸""把钻戒丢过栅栏""从量变到质变""想到就去做""让长板更长""成功的路上并不拥挤，因为坚持的人并不多"……

这些看似简单的道理，在我实实在在地践行了3个月之后，给我的2016年注入了前所未有的色彩。

这些价值观一扫我此前生活中的灰色阴霾，在这个社群里，我突然意识到：以前，我在乎别人的眼光，在乎每一个行动后的结果，在乎得到与失去……而这些患得患失简直是大错特错。

职场可以跨界、不同的领域可以融合，跨界成为超级IP，

---

① "头马国际演讲俱乐部"："Toastmaster Club"，（官网：toastmasters. org）以有效地提升公众演讲能力和领导能力为目标，是国际非盈利性组织，在全世界各个国家和地区都有分支，目前有141个国家16400个俱乐部。

在不同的领域游刃有余，未尝不是一件好事。

于是，我将演讲技能最大化地应用于律师职场，除了开篇那句跨界的自我介绍之外，我还将不同领域的精髓融入律师职场写进文章里。做自己的下一步，没准就是成为跨界的超级IP。

（三）创新做自己，我就是要和别人不一样

如果让我自我评价，自己最大的一个优点就是超强的执行力。想到就立刻去做，不计较得失，不在乎最终结果……我相信认真做好眼下的每一件小事，结果一定是好的。

1. "螺丝群"

2016年10月我组建了我自己的粉丝群——"螺丝群"（即"罗艺律师粉丝群"）。"螺丝群"的建立纯属偶然，与现在群内知识分享的氛围不同的是，"螺丝群"组建的初期走的是个人崇拜风——聊天、娱乐、有趣、好玩。

"螺丝群"从组建开始短短的30个小时里，就突破百人。现在，"螺丝群"已运营了1年多的时间，数量扩展到20余个，"螺丝"人数也已近2000人。从"螺丝群"人数的持续递增，到某些人对于所谓"个人崇拜"的"嗤之以鼻"，有很多支持的掌声，也有很多质疑的声音。

当我把"螺丝群"的目标调侃地定位为"个人崇拜"时，有人和我说："个人崇拜群？这是跟哪儿学来的？我还是头一次见到这样的群……确实个性！"

也有人和我说："看到你对'螺丝'的要求，不得不服：这霸气和坦诚，在律师界不排第一也排第二了，果断成为一名'螺丝'！"

还有人和我说:"你的自我介绍颇为有趣,恰似律师界的'泥石流'。没有贬义,一是指不同凡响、二是指振聋发聩、三是令人难忘。"

面对众多质疑和观望,我不仅要做自己,还要创新做自己。你可以打开手机微信看看,除了"螺丝群",你的微信群有几个?十几个?还是几十个?这些微信群(除了工作群聊和生活群聊必备的之外)之间的差异是什么?

我认同每个微信群都有不同的理念,有的群定位为实时分享法律实务、有的群进行检索比赛、有的群提升检索技能……而"螺丝群"的建群目的并非传统意义上的"个人崇拜",而是在交流互动中,让更多有同样价值观的人彼此加油、共同进步。

李笑来曾经说过一句话,他说:一定要想尽一切办法找到那个正确且巨大的差异。是的,被人质疑的"个人崇拜"就是差异,而在"螺丝群"这个平台上做"群英荟萃分享会"就是正确的差异。

2. 群英荟萃分享会

组织"群英荟萃分享会"的灵感来源于一位"螺丝"在各大群里呼喊:"有没有律所新人培训的课程?"

我想,既然"螺丝群"里集结了各个领域的优秀人才,那么组织大家分享、聆听、讨论、交流将会是一种理想的微信群互动模式。

所以,在"麻利小超人DNA"的驱动之下,3天的时间里便完成了联系分享人、确定分享主题和分享内容、制作宣传海报、对外宣传、调试熟悉直播平台、成功直播、事后复盘等一系列工作。

在两个好朋友的大力支持之下，我在"螺丝群"里成功组织了第一期"群英荟萃分享会"。

我们3个人作为第一期嘉宾直播了两个小时，分享的内容以律师的职业技能为主，包括了大数据检索思维、律师的演讲技巧、写作技巧、如何自我宣传并展望了未来律师职业的发展态势。

第一次的分享会有将近1000人次收听，"螺丝们"在第一期分享会之后纷纷表示获益匪浅。他们说这是他们一直想做的、一直想听的、一直想学的，希望我能一直做下去。这，相对于那些质疑的声音，足以让我感到欣慰。所以，谢谢我的朋友们，也谢谢我的"螺丝们"。

（四）融合，期待更多可能

由于在演讲和线上培训等方面表现出的"特殊"跨界才能，以及超强的执行力和坚持不懈的毅力，很多同行和朋友纷纷联系我，希望与我合作。

对于这样的邀约，我从不拒绝，也不会考虑未来能有多少物质上的收益。还是那句话：我相信，认真做好眼下的每一件小事，结果一定是好的。

我现在的价值观是：不给自己的人生设限。尝试更多可能，挖掘更多潜力，期待更多可能。

所以，想要真正的做自己，没有你想象的那么难。跨界、创新、融合，希望你也和我一样，做一回真正的自己，早日找到属于自己的人生。

2017年9月1日，"螺丝群"正式升级为"罗丝精英"。"罗丝"来源于"螺丝群"的谐音，"精英"取自律师精英的含义。我和"螺丝们"会有logo、有产品、有舞台、有未来……会和以前一样，不断迭代、共同成长！

秉承乐于分享、迭代创新的理念，"罗丝精英"已经和印象笔记、坚果云、齿轮易创、律新社、股+团队、法律先生、华律网、千聊、觅法、天津股权交易所等20多家合作单位达成了合作意向，未来将会与更多的平台、新媒体、律所、公司合作，打造出其不意、意想不到、"道可道非常道"的创新玩法。

回过头去看自己走过的路，不仅是对自己过去的审视，更是一种阔步走向未来的动力。无论怎样，请记住：坚持做自己，我就是我，不一样的烟火。活好现在就是活在未来，感恩所有，感恩有你。

二

青年律师如何快速成长是刚刚执业的实习律师、律师助理或刚刚转型为律师的朋友十分关注的话题，下面我从我的经验角度出发，和青年律师分享快速成长的三个秘诀。

（一）秘诀一：为解决问题而生

前一阵看到朋友的朋友圈在招聘律师助理，他说："希望律师助理是成年人，这种成年并非生理的年龄，而是心智的成熟，律师助理的存在，是为了减轻周围人的压力，而不是成为别人的负担。"

他的要求在我当时看来气场太过强大，但现在想来每个青年律师都应当肩负"为他人解决问题而生"的使命。

之前看过一篇文章，文章中说创业成功的牛人都有同样的特质——有问题不要紧，解决它就好。因为，成功就是不停的遇到问题，然后解决问题的过程。

我不在乎问题是什么，我只需要解决它！在我们遇到问题时，首先别轻易提问，在问之前先想、后查、最后形成有逻辑的多套方案，供主办律师或客户去选择。

（二）秘诀二：比他人多想一步

前几天，我听"得到App"① 的订阅专栏，在一期节目中说："做任何事都要有一种外包的心态。"而《服务就要做到极致》这本书中提到的"要多为客户想一步，给他们一个超出预期的 surprise"的观点也同时给了我很大的启发。

外包心态、为他人多想一步，是每个优秀律师都该有的素质和能力。在我们和主办律师、团队成员合作时，在我们与客户沟通和交流时，不仅要为他们解决问题，还要想一想：我还能为他们再做些什么？

---

① "得到App"是以"做最好的知识服务商"为愿景，是一个倡导终身学习、高效学习，帮助用户有效利用碎片化时间的工具。目前，我在"得到App"上订阅了古典的《超级个体》；熊太行的《关系攻略》；刘润的《5分钟商学院》；薛兆丰的《薛兆丰的经济学课》；梁宁的《产品思维30讲》；华杉的《华杉讲透孙子兵法30讲》等专栏，每天必听，受益匪浅。

先人一步的为他人设想，比他们自己想的还要多、还要全面，想不优秀都很难。

（三）秘诀三：提升自我驱动力

1. 积极主动、不计较一时得失

最近，我接触了很多自我驱动力超级强的小伙伴，他们虽然不是律师，但是他们身上的闪光点值得我们学习。

他们能在听完语音分享后立刻作出思维导图，立刻总结出笔记推送到群里，立刻写一篇文章总结自己的学习心得，立刻帮你和自己复盘总结出规律……

没有人要求他们这么做，没有人给他们限定 deadline，没有人给他们发工资，而他们会感到乐此不疲，在自己变得更好的同时也在帮助他人，为自己和他人同时得到提升而感到快乐。

做律师，有时需要摒弃掉体制内的很多旧有习惯。例如，"我只负责我职责内的事""不是我的工作我不做""凭什么是我做而不是他们做"等。积极主动，不计较一时得失会让青年律师变得更优秀。

2. 不断提升学习能力，持续知识输入

公号"CU 检说法"中有一篇文章"你凭什么去憧憬未来"，文章中提到失去学习能力的人不敢走出舒适区，错过了很多机会。

青年律师无论毕业多久，你都会发现：过去所学的知识在未来会被慢慢淘汰。好在，知识会被淘汰，但学习能力不会。只要你掌握了学习的方法、抱有积极的学习心态、坚持知识的持续输入，不仅不会被淘汰，还会快速地自我提升。

3. 总结规律，不断输出知识

"复盘"这个词经常被我们提到，但"复盘"最具魅力的地方就是要总结出规律。这个规律既可以指导自己在同类型案件或工作中更好的迭代，也可以对他人有所帮助。

当你通过不断的知识输入总结出规律，再通过不断输出知识的方式写出来、讲出来、分享出来时，你会发现让他人提升的同时，最大的受益者其实是你自己。

现在，在总结规律不断输出方面，我采用的是"输出倒逼输入"的模式。所谓"输出倒逼输入"就是"先输入后输出"的逆向思维，即我想学什么？我想和他人分享什么？先定下主题，之后穷尽各种资源输入学习，形成文章或微课后分享给其他小伙伴。

其实我也是一个正在路上的青年律师。我如您一样，热爱律师事业，既然热爱就该不遗余力地去琢磨、去实践、去做得更好。

青年律师快速成长的方式和方法其实有很多，每个人的理解和成长过程或许有所不同，以上经验只是我的一家之言，仅供您参考。

三

最近，无论是看书，还是和朋友交流未来的发展，我最深的感悟就是：一个人要活得像一支队伍。那么，"一个人活成一支队伍"到底是什么感觉呢？

1. 能独立解决所有问题

之前我写过很多文章，里面有一个核心观点就是：优秀的人应该具备独立解决问题的能力。当遇到任何困难和从未遇到的问题时，第一时间不是问，而是想尽办法去解决。

2. 能完成一个团队做的所有工作

成甲老师的书《好好学习》里，列举了罗辑思维团队的某位工作人员的工作状态：

她可以一个人负责主题策划、音频录制、音频剪辑、内容审核、留言审查、新作者挖掘、老作者维护、新内容开发、宣传文案策划……全能到无所不能。要知道这里列举的每一个环节组合起来都是一个团队要完成的工作量。

有人问我，每周举办"群英荟萃分享会"会占用我多长时间？浪费多少精力？是否是一个团队在运做？是否会对律师业务有帮助？当我告诉他们：从确定主题、邀请嘉宾、采集素材、审查大纲、建立直播间、制作宣传图、预告回顾……都只有我自己在运营时，他们都很惊讶。

我不觉得做这些事占用时间、也并不觉得占用精力、虽然没有什么收益，但这项爱好锻炼了我很多跨界的技能，让我能更好地从客户的需求角度出发、更好地与人沟通、更高质量地输入和输出……

3. 能具备综合能力

前几天和互联网公司的朋友聊天，他说律师在接待客户时，包括接电话、谈案子、做案子到最终的客户跟踪、客户维护、案件质量管控、效率提升、工具使用……每一个环节都需要不同的素质和能力。

而一个能自己就可以活成一支队伍的律师必须也应该具备所有的能力和素养。

最后总结一句：跨界的深度思考、独立的解决问题、综合的能力素质。当一个人活成一支队伍时，自己不仅不会感到压力，反而会觉得轻松。

四

自 2016 年 9 月中旬以来的 4 个多月的时间里，周围的朋友都感受到了我的快速成长，甚至有很多朋友私信我，问我快速成长的秘诀到底是什么？

借去成都分享的机会，通过自我梳理和回顾，总结了以下10 个让我自己快速成长的秘密。

（一）Secret 1：坚持，从量变到质变

坚持是一个看似简单，但做起来却非常难的事。然而只要坚信每天一小步的成长，在未来都能带来很大的改变，就能看到从量变到质变的飞跃。

就我自己而言，平时我坚持用结构化思考、坚持练习即兴演讲、坚持每天写一篇 100 字以上的小文章。

1. 坚持思考

《结构思考力》这本书给我很大的启发，在论证类比、横向思维纵向思考的影响下，无论想问题、发言、写文章都自然

而然地有逻辑、有体系。

2. 坚持演讲

每天练习两分钟的即兴演讲，这在有效评价他人的同时对自己摒弃口头禅、流利口头表达都起到了积极作用。

3. 坚持写作

每天坚持写作，不仅及时记录下了自己的心得和体会，也让我真切地感受到了从量到质的变化。例如，有的文章发布在知名公众号上，有的文章为备稿演讲积累了素材，几篇文章形成合辑可以作为微课的讲稿，系列文章写作更为图书出版奠定了基础、提供了可能性。

（二）Secret 2：让自己的长板更长

"木桶原理"——短板决定盛水量多少——的时代早已过去，取长"补短"已不再适应时代的发展。

若想快速成长，唯有让自己的长板更长，且发挥到极致。这种时下流行的"长板理论"不仅是超级个体的主流理念，更是团队成员有效合作的前提和基础。

（三）Secret 3：输入和输出

很多人可能和之前的我一样，只注重知识输入而从不进行知识输出。

知识的输入和输出就好似一个蓄水池，既需要不断地注入新的水源，也需要有排水口将水排出，只有这样才能保证蓄水池的水是流动的、新鲜的。

所以知识的多渠道输入和不同形式的输出必须彼此联动、同时进行、不可有所偏废。

1. 持续输入

知识输入的方式有很多，可以看纸质书籍、可以听有营养的语音微课（如得到 App、樊登读书会等）、还可以与他人进行面对面的交流。

特别是和他人面对面的交流是个人快速成长的"捷径"，正所谓"说者无意听者有心"，也许别人一句不经意的话，就会给你很大的启发。

2. 持续输出

知识输出的方式包括写作、演讲、做线上和线下的分享。只要你想把输入的知识在消化吸收、理解整合之后输出，就一定能找到适合自己的方法。

3. 输出倒逼输入

现在我快速成长的方法之一是用"输出倒逼输入"的方式进行有针对性的知识输入和有效的知识输出，这种方法可以使我快速地将学习区变成舒适区，扩展自己擅长的领域，加速自我成长。

（四）Secret 4：想到就立刻去做

现在我的价值观之一是：只要某件事是有意义且值得去做的话，我就立刻去做，我不在乎一时得失，也不在乎结果是什么。想和行动之间的时间差越短越好，立刻行动，别问别人，也别等待，因为事情做了才会有结果。

（五）Secret 5：复盘、规律、迭代

复盘这个词源于围棋术语，它并非简单地开个总结会议，重要的不是复盘的结果而是复盘的动作，当迈出复盘这一步

后，可以自我复盘、对他人复盘、对团队复盘，最终找到规律并不断迭代升级。

（六）Secret 6：认识更多的人、经历更多的事

"剽悍一只猫"在他的微课里说，他的小目标是采访 100 个牛人。每一个牛人身上有一个闪光点，当他把这些牛人的闪光点聚集在一起时，自己想不快速成长都难。

除了要认识更多的人之外，经历更多的事也非常重要。因为这不仅会不断挑战自己的舒适区，还能为演讲提供素材，为人生阅历加分。

（七）Secret 7：为解决问题而生

前一阵朋友的朋友圈在招聘律师助理，他说："希望律师助理是成年人，这种成年并非生理的年龄，而是心智的成熟，律师助理的存在，是为了减轻周围人的压力，而不是成为别人的负担。"

如果你也想快速成长，那么务必将"为他人解决问题而生"作为自己的使命。不要在乎问题是什么，重要的是解决它。让自己为解决问题而生，并且有方法、有责任感、有担当。

（八）Secret 8：超强执行力

超级强的执行力不仅是我对自己的要求，也是周围朋友给我的好评。我记得李笑来老师曾说，超强执行力是一个公开的秘密，大家都知道，但真的去做的人却很少。

如何成为具备超强执行力的人，我认为要做到以下三点：

行动：说简单点就是要着手去做、去干。

速度：要快，别等。即现在、立刻、马上。

质量：要好，除了追求完成的速度，也要保证完成的质量。

（九）Secret 9：打造个人超级 IP，各种宣传渠道联动

打造个人超级 IP 首先要学会给自己贴标签。我现在做自我介绍时会说："我是律师界最爱演讲的、演讲界最懂法律的罗艺律师。"这就是将律师职业和演讲长板结合起来。

打造个人超级 IP 其次要给受众树立认知。例如，马云给受众树立了一个"双 11"抢购的认知，我也给"螺丝们"树立了"螺丝群""群英荟萃分享会"等认知。

打造个人超级 IP 最后还要学会宣传自己。有效利用各个网络平台，如知乎、在行、朋友圈、喜马拉雅、公众号、知乎 live、无讼阅读、赤兔、领英等。将自我介绍、个人照片、文章更新一致，并贴近自己擅长的领域。

（十）Secret 10：不给自己的人生设限

以前对于自己从未尝试过的事情，我通常会问自己：我行吗？而现在，在"永远不给自己的人生设限"价值观的影响下，我的座右铭是：我行！

只要有机会，我就会去尝试新生事物，尝试人生不同的可能性。抱着试错的心态去做，你会神奇地发现，根本就没有"错误"一说。

以上这 10 个秘密每一条看起来都是那么的普通和平常，

但只要你看完听完之后也能够做到，我保证你也会快速成长，甚至成长得比我还要快。

你想快速成长吗？做到这10条，一定可以！

五

乔布斯说，一个优秀的人能抵得上50个普通员工。那么，该如何定义优秀人呢？我认为所谓优秀人才，至少要具备以下三个品质。

（一）自我驱动力极强

自我驱动力极强的人，不需要被别人管理。他可以自我学习、不断进步、追求卓越。他能做的都已经做到很好，还没有能做得更好是因为自己还不知道方法和途径而已，一旦让他知道成功的方法和途径，他就会成为这个领域中的佼佼者。

我身边就有这样自我驱动力极强的人，他们不仅在工作时间及时回复，还可以不分昼夜地秒回工作微信，凌晨12点、凌晨3点、早上7点……随叫随到。

他们经常会说，别人每周工作40小时，而他们每周工作100小时。即使你们在做同样的事情，你已经快人一步。

他们不会因为工作强度大而感到压力，反而会乐此不疲地将其作为乐趣。

（二）为解决问题而生

你有没有这样的体验，当你去想解决问题的时候，回答你的人会说："哦，亲，对不起，我不知道；请您拨打400电话；

请您去找某某部门，因为这不是我们部门的事情。"这个时候你不仅会为再说一遍事情经过而抓狂，还会为不能彻底解决问题而感到失望。

然而，优秀的人会为所有的问题寻求解决方法，他们是为解决问题而生的。当你遇到问题的时候，站在你面前优秀的人不仅可以洞悉你的痛点、想出 N 种策略方案，同时还可以为你彻底解决掉所有问题。

他们经常会说："你只需要告诉我你的目标，其他的交给我。"这时，你会不会在心里给他一个大大的赞呢！

（三）及时复盘、自我反思

及时复盘、自我反思是优秀的人得到快速提升的关键。

正所谓：当局者迷、旁观者清。如果优秀的人能得到其他小伙伴的反馈和意见，那么他成长的速度将会大大提升。因为，优秀的人会虚心接受，不断精进，从而成为更优秀的自己。

优秀是一种习惯。你是那个优秀的人吗？你想成为优秀的人吗？

六、"螺丝群"运营的十条经验
（写在"螺丝群"运营两个月后）

（一）想到就立刻去做

有很多事情，在一开始我们并不能计划得十分的完美和周全，所以最好边做边完善。但最重要的是——有好的想法就要立刻去做。

1. "螺丝群"建群

建群的想法来源于"坚持星球"① 小伙伴的"盲目崇拜"，既然有那么多小伙伴愿意"追随"我，于是立刻开始建群，同时发微信群、朋友圈宣传扫码，30 个小时后扫码的人就突破 100 人。

2. "群英荟萃分享会"

源于"螺丝群"里年轻律师有律师技能培训的需求，于是我在 3 天内联系了好朋友敲定分享主题和内容、制作宣传图、发朋友圈宣传、教朋友用"千聊"② 直播平台、约好时间直播……第一期分享会从策划到完成虽然只有短短 3 天，但效果非常好，目前聆听人数超过 800 人次。

3. 答"螺丝"问

想法来源于王潇的《米字路口问答》（北京联合出版公司，2014 年版）以及陈少文老师《写给法科生的信》③，其实他们都是以与粉丝互动并回答提问的方式，用文字把问答沉淀下来，等积累到一定程度之后编辑成册直至出书就是水到渠成的事情。

---

① "坚持星球"是一个演讲社群，通过每天早读、晚讲、课程学习、分享，有效地刻意练习演讲技能，30 天内提升演讲能力。

② "千聊"直播平台是一个专注于知识分享的平台，通过直播的形式让您直接找到各个领域的专家、老师、达人。

③ 陈少文、本名陈虎。中南财经政法大学副教授。

他在公众号"法伯乐"（law-fabole）中以回信的方式写了 51 篇原创文章（包括写给法科生的 50 封信和 1 篇自序）。

所以，我借鉴了他们的方法，立刻利用"金数据"① 做了问卷链接，鼓励"螺丝们"向我提问。经过 4 期的答"螺丝"问的文章写作，效果非常好，其中有一篇还被知名公号"海坛特哥"（haitanlegal）发布，并且还有其他公号邀请授权转载。

（二）突出独特性、体现差异化

我们看看自己的微信群，除了工作和家庭必备的群之外，有多少同类型的群？就我自己而言，类似法律咨询、同行交流的群不胜枚举，没有任何特点而且经常毫无动静。

所以，我给"螺丝群"定位为"个人崇拜"的其中一个初衷，就是为了体现差异化和独特性，我就是要和别的群不一样！

当然，这种定位在一开始也遭到了很多质疑和批评，有的人是冲着听免费分享来的，有的说些阴阳怪气持观望态度的话。但好在，"螺丝群"走到现在，好评和赞扬之声占据主流，还出现了"螺丝"拉自己的同事和好友进群的喜人局面，所以在此也感谢"螺丝们"的认可。

（三）免费的分享意识

1. 分享意识

目前我在"螺丝群"里分享的内容包括"群英荟萃分享

---

① 金数据：http://jinshuju.net，是一个免费设计表单、收集数据的工具。通过表单设计器，用拖拽的方式制作表单，搭建个性化的业务系统。可以生成问卷调查、报名、登记、预约、订单等。

会"的"千聊"直播平台、"简书"① 文章、"得到"App 付费订阅内容等。

2. 免费？付费？

虽然有朋友建议我进行收费分享，也有的人在我邀请他们进行分享时，他们明确拒绝说他们不做免费的分享，但目前我在"螺丝群"仍然只进行免费的分享。原因有以下两个方面。

一是因为一旦收费，粉丝对我们的期待值会更高，自己也需要有更多的干货输出，否则做不好容易"砸牌子"。毕竟在业内，口碑比钱更重要。

二是因为演讲也好、培训也好，都需要我们自己找机会去练习。我们在给他人提供干货的同时，其实自己才是最大的受益者。自己给自己创造机会和舞台的同时，也能给他人带来机会，这不仅是"双赢"，甚至是"多赢"。

（四）和粉丝建立联系

在微信群中，最好不要只唱独角戏，一定要和粉丝们建立联系，加强互动。例如，可以让粉丝参加比赛、拉赞助、发奖品的方式提升粉丝们的积极性，创建粉丝们互动学习交流的氛围。

（五）为微信群设定价值观和群规

目前我为"螺丝群"定位为"个人崇拜"群，价值观为

---

① 简书，是一个创作社区，可以通过网页版、App 版随手记录自己的生活，分享图片文字或图文并茂的文章。

"跨界、融合、实现自己的价值",同时借建立"螺丝二群"的契机,又制定了群规。为微信群做好定位、设立价值观和定好群规会更好地管理微信群,更加突出微信群的特色。

（六）招募管理员

"螺丝群"里有很多乐于奉献和勇于担责的小伙伴,我们可以把管理微信群的工作有效地委派给他们去做,这样既可以帮助他们提升领导力,还可以使自己不用浪费太多精力,一举多得。

（七）起一个好名字

微信群和粉丝都要有个好名字,容易记忆,朗朗上口,这是在为粉丝们以及还不是我们粉丝的朋友"创造认知"。就类似马云为"双11"创造认知一样,世上本没有认知,当我们把微信群和小品牌宣传出去之后,认知就自然地被创建了。

（八）图片宣传的力量不容小觑

每期"群英荟萃分享会"我都会为嘉宾制作宣传图,这些图片很容易在朋友圈或其他群内进行宣传。特别是当5期"群英荟萃分享会"的9张图片集合在一起发到朋友圈时,影响力超乎想象。因此,图片宣传的力量是不容小觑的。

（九）成果要看得见

微信群无论有什么成果,一定要可视化和成果化,并且便于与新晋粉丝及微信群外的人随时分享。例如,通过"千聊"直播链接、宣传图、"简书"文章等形式,都可以通过链接或其他方式直接发送，便于起到广泛宣传的效果。

以上，就是"螺丝群"在建群两个多月时我自己的经验和体会，希望朋友们多提宝贵意见，并期待有更好的建议与我交流分享，谢谢。

罗艺

2018 年 6 月 6 日

➤目 录
Contents

Chapter 1

律师须能说——演讲

　　律师需要学演讲技巧吗？这是很多青年律师问我的问题。我想答案不言而喻，律师当然需要学演讲技巧，而且演讲技能应该成为每位律师的标配。熟悉我的人都知道，我对外宣称自己是："律师界最爱演讲的、演讲界最懂法律的技术派律师"。虽然这个标签在定义的时候有调侃的意味，但我依然坚定地认为：演讲技巧是每一位律师的基本技能。

　　2016 年，《好好说话》这档每天更新的节目在喜马拉雅上热播。之后马东团队又将这档节目的精华结集成一本书，从沟通、说服、谈判、演讲、辩论五个维度传播新鲜有趣的话术精进技巧。

　　你会好好说话吗？听起来像骂人！实则需要我们每一个人冷静反思。如果说，人这一生只需要学习一个技能的话，那就是好好说话，其中演讲技能应该人人必备，当然作为律师更不例外。

　　有人可能会说，我又不打算竞选美国总统，我也没机会站在台上发表高谈阔论，演讲技巧？我才用不着呢！其实，演讲是良好的沟通基础，当我们用大量的时间去和别人交流、去汇报工作、去提出意见、向上级请示、向他人说明情况、向家人表达爱意的时候，都需要演讲的技巧。

　　有些演讲技巧是通用的，例如，如何克服紧张情绪，如何克服不必要的口头禅，在演讲时如何善用手势等等。这些通用的演讲技巧不仅律师需要，而且放在任何一个场景下，对于每个人也都是通用的。

然而，有的人认为律师压根儿就不需要学演讲。因为，律师在很多人的眼里都是能言善辩、出口成章、巧舌如簧的光辉形象。本该靠嘴吃饭、天生就该会说话，哪里还需要学演讲？还有人认为，律师演讲技能的发挥空间仅仅局限于刑事辩护，把演讲等同于法庭上控辩双方的对抗，更有甚者把演讲和辩论混为一谈。

其实，这些想法都大错特错，这既是对演讲的误解，也是对律师职业的误解。律师不仅需要学演讲，而且还要将演讲技能内化为自有能力，在不同场景发挥到极致、游刃有余。这样不仅能更好地与法官交流、与当事人沟通，对自己自信心的提升也有很大帮助。

一个受过演讲技巧培训的律师，除了能出口成章、表达有力之外，还可以在文书写作上脉络清晰，富有逻辑。他（她）会擅于倾听，从当事人长时间的表述中提炼出关键要点；他（她）会擅于表达，在短时间内向法官清晰地阐述想法思路；他（她）会擅于沟通，说服客户选择他（她）的法律服务产品。

当律师遇上演讲，会带给你不一样的景象。律师该怎样学习演讲技巧？这是一个非常好的问题，我的回答是三个要素，演讲技巧＋跨界思维＋工作场景。我认为，作为律师应当首先有跨界的思维，再把演讲技巧完美地和律师的工作场景结合在一起。即把销售、谈判、沟通、表达以及写作中的逻辑思考和底层知识运用到演讲中来，渗透到律师工作场景中去，通过有益借鉴和跨界融合，融会贯通地运用演讲技巧。

作为律师，首先要有学习演讲的意识；其次要结合公众演讲的技巧，将其他领域的底层知识与律师的工作场景融合在一起形成自己的风格；最后通过不断地刻意练习和自我实践，真正地将演讲技巧融入自己的工作，让演讲助力律师职场，让我们的人生更美好。

一、模型——约见客户作"产品介绍"

演讲技巧学多了，你会发现会有很多模型值得借鉴。当我们把这些模型融会贯通于日常的表达和工作场景时，你就会切身感受到演讲这块长板会让我们如鱼得水。

（一）"演讲设计四部曲"

所谓"演讲设计四部曲"模型，指的是分析客户、设定目标、确定中心、归纳要点。

1. 分析客户

第一步就是要分析客户，指的是我们在约见客户的时候，要了解客户的背景、需求和态度。律师在和客户见面的时候，如何在适当的时间之内与客户进行良好的沟通呢？除了谈判的技巧之外，我认为也是需要演讲技巧的。

"演讲设计四部曲"的第一步，分析客户十分重要。需要分析客户是阅历丰富的企业老总，还是对法律略懂一二的法务，还是没有任何法律背景的普通老百姓。充分分析约谈客户之后，才会正确地选择用法律术语还是用通俗的语言。

见的人多了，自然就会迅速地从他的行为举止说话风格初步地来判断客户是一个什么样的人，进而选择用什么样的方法去和客户进行沟通和交流。所以说，第一步分析客户是十分重要的。

2. 设定目标

第二步就是要设定目标。设定目标，指的是我们的演讲的目的是什么？在这里我要和大家插叙一下演讲的四种类型。一般来说，演讲的类型有四种，包括告知型演讲、说服型演讲、取悦型演讲和激励型演讲。

第一类，告知型演讲的目的是通过演示、汇报、授课等形式，使观众知道他们以前并不知道的知识。第二类，说服型演讲的目的是使观众改变原来的观点或者是想法，这个在销售领域或者是美国总统的大选当中经常会出现。第三类，取悦型演讲，类似于相声、脱口秀。实际上相声、脱口秀也是一种备稿演讲，这种类型的演讲目的就是使观众能够感到快乐。第四类演讲模型，激励型演讲。也就是说，在演讲的内容当中，我们可以"安利"各种远大理想，让观众去追求。

具体到我们律师约谈客户的目的来看，包括在了解案情之后的签单，以及为客户进行案情的分析，之后提供解决方案。在这两种场景之下，最常用的应该是前两种演讲类型，也就是告知型演讲和说服型演讲两类。

3. 确定中心

第三步确定中心，确定中心指的是要用最精炼的语言带来价值和利益，就像某金句说的那样"用嘴创造出来的财富都是纯利润"。

如果是签单类的说服型客户，约谈要重点突出以下三点。第一点就是 what，即我能为这个客户创造什么样的价值。第二点要说 why，即客户为什么选择我，而不是其他的律师，我这个律师突出的特点，或者说差异性在哪里。第三就是 how，即我如何能够帮助客户来解决问题。

如果是分析案情类的告知型客户，约谈也要突出三个方面。第一点，就是要在开场的时候直接说案情的争议焦点。第二点，就是客户需要解决的核心问题是什么。第三点，就是解决的方法或者方案是什么。

4. 归纳要点

演讲设计的最后一步就是归纳要点，指的是要提炼关键词进行分类和汇总。无论哪一种类型的约谈客户，我们一定要逻辑清晰地归纳要点，同时可以配合思维导图让客户对于要点一目了然，根据约见客户的时间来考虑是否要充分地进行展开。

以上四个方面，就是我们利用演讲的技巧来设计约谈客户的一个过程。

（二）"SCQA"模型

"SCQA"这个模型，是我曾经看过的一本书——《金字塔原理》中推荐的讲好一个故事的典型套路。

"SCQA"模型是四个英文单词首字母的缩写。

S，指的是 situation，即场景或者是背景。一般来说，我们的演讲是由大家熟悉的一个场景来代入进去的。

C，指的是 complication，即冲突。在演讲的时候一定会有一些矛盾，这会带来什么样的矛盾呢？

Q，指的是 question，即问题或者是疑问。有了这样的冲突我们怎么样去解决，应该怎么办？

A，指的是 answer，即答案。针对这样的疑问，我们可以提供哪些可行的解决方案。

其实"SCQA"模型，在演讲和写作当中，有很多大神级的人物也曾经使用过这样的模型，如乔布斯。乔布斯不仅是技术派律师心中膜拜的神，而且他每次发布会的演讲视频、演讲的套路，甚至是演讲时候的穿着也都是很多演讲者学习的标杆。

乔布斯曾经在 2007 年发布会上介绍 iPhone 手机的时候，运用的演讲技巧就是"SCQA"模型。他先是说，市场上有很多其他品牌的手机，如摩托罗拉、黑莓、诺基亚，在当时都是主流手机，他说到这样的一个场景的时候，实际上就是在说第一个"S"。

后来他说，这些手机对于你们来说都是不好用的，如键盘不好按、屏幕太小，这一部分，它实际上是在说"C"冲突。第三点，他又说了，你们需要一款什么样的手机呢？这就是一个问题。需要的这款手机，我从口袋里面拿出来给你们看的 iPhone 可以告诉你，这就是回答。

iPhone 它有什么样的好处呢？我来告诉你，大屏幕，摒弃了所有的按键，不用笔写，只用手去指点就可以了。以上这些都是在针对这个问题提出一些解决方案来回答的。

所以这样的一个演讲模型就是让听众一步一步地，自己得出结论，最终自主自愿地去选择 iPhone。

经过了我们对于乔布斯这场演讲的拆解，我发现如果能够把"SCQA"模型与律师的日常工作结合起来，实际上也是极好的。如我们对于基本案情的分析，就是"S"场景。归纳案件的争议焦点或者是客户的痛点，就是冲突。如何解决客户的痛点呢？是求胜诉，是求和解，是求共赢，还是求以小搏大？这就是问题。最后我们通过若干诉讼解决方案，或者是法律意见来回答客户。所以用好"SCQA"模型不仅演讲、写作，都是小 case，在律师工作当中运用也会 so easy。

（三）"FABE"模型

很多人问我：演讲是不是有必要学习很多的套路？这真是一个特别好的问题，也是以前很多人都感到困惑和不屑的问题。正如一句调侃所说的那样：世界上最深最远的路就是套路。

作为律师，我们经常被贴上"能说会道""能言善辩"的标签。而如果我们再掌握一些套路、公式、技巧和方法，就会使我们所阐述的内容更容易说服当事人、说服法官，何乐而不为呢？

其实，演讲多一些所谓的"套路"并没有什么不好。那么，当面对潜在客户，如何运用演讲的技巧把自己擅长的、能为客户提供的法律服务或法律产品用产品介绍"FABE"模型完美地诠释出来，从而让客户为我们的法律产品买单呢？

想象一下，律师在向潜在客户提供法律产品的场景，可能是在向客户推荐非诉的法律服务方案，也可能是在向客户阐述诉讼案件的策略方案。这和传统销售领域的产品介绍其实有异曲同工之妙。

所谓产品介绍"FABE"模型，是销售领域经常用到的话术技巧。销售人员在向客户作一对一产品介绍时经常会用这个套路向消费者推销自己的产品，说服消费者购买他们的产品或服务。

律师向客户做非诉法律服务方案也好、诉讼策略方案也罢，甚至是第一次向一个潜在客户作自我介绍时，都可以套用销售领域中非常常见的"FABE"模型来作"产品介绍"。

那么什么是"FABE"模型呢？

首先，F指的是产品的物理属性（feature）。物理属性就是这款产品的特质、特性等方面的功能。例如，产品名称，产地，材料，工艺，定位，特性等。如卖一台冰箱，你要说这台冰箱能制冷、触控屏、三开门。

其次，A指的是要阐述你所卖产品的优势（advantage）。如我卖的冰箱更省电、噪音更小、更美观……最重要的是要深刻挖掘这个产品与同类品牌产品的差异化特点。

再次，B指的是能给消费者带来什么利益（benefit）。你卖的产品能给消费者带来什么好处？跟消费者有什么关系？能帮助消费者解决什么问题？这就好比冰箱能为消费者每个月省N度电，就等于相应地为消费者节省N元电费。

最后，为了让消费者更加信服，要用证据（evidence）进行佐证，如产品说明书中关于功率大小的数据、当月销售量报表等。即用数据、其他客户的好评、现场演示来证明你说的是真的。

因此，产品介绍"FABE"模型就是：我的这个产品有某某特点（F），这个特点有什么优势（A），能给你带来什么利益或者解决你的什么问题（B），为什么我刚才说的这些都是真的（E）。

我们经常说，要换位思考、要解决客户的痛点、要站在客户的角度用他的视角去考虑问题等。所以在用"FABE"模型时，我们也可以适当调整顺序。可以先说 B，再说 F 和 A，最后用 E 证明。

转换到我们律师的工作场景，当你在向潜在客户介绍自己的法律服务等产品时，在介绍你自己的优势的时候，在你说服客户签订委托合同时，也是完全可以借鉴"FABE"模型的。

这种有逻辑有层次的语言可以告诉客户，为什么这个律师提供的法律服务是值得我买单的？

具体来看，法律服务等产品介绍当中的"FABE"模型如下。

第一，F 指特性，实际上就是说我们的法律服务是什么？我们律所的主要业务是什么？律师团队专业化的服务是什么？律师能够提供的法律服务有哪些？总之一句话，我或者是我们的团队，我们的律所能够为客户提供什么样的法律服务？

第二，A 指的是优势，即我的法律服务好在哪？虽然中国是一个谦虚的国度，中国人也习惯了谦虚，但是在这个时候，我们可以"老王卖瓜，自卖自夸"一下。向客户说明律所、团队以及律师个人所擅长的领域，做过什么样的成功案例，我和别家律所的不同点在哪里？你为什么要选择我这家律所？为什么要选择我这个律师？总之，要突出个性化和差异化。

第三，B 指的是利益，即你能为客户带来什么样的利益？解决客户什么样的法律问题？我特别喜欢一个词，叫作"虚拟体验"，即让客户身临其境地感受到我们的律师服务。这就是为什么有的律所会让客户旁听模拟法庭，为客户制作大数据报告，带给客户各种立体化、可视化的体验，让客户看到律师为他们都做了哪些努力和付出，在感官上和心理上认同我们律师的服务。

第四，E 即佐证。为什么客户要选择我的法律服务？还有谁为我的法律服务买过单？我的法律服务有哪些成功的案例？

其实说到佐证，我觉得至少可以用书面佐证、可视化佐证、同类型大客户备书佐证来体现。通过现场演示、相关书面的文件、品牌效应，来印证刚才一系列法律服务的介绍，并且所有这些材料都应该具有足够的客观性、权威性、可靠性和可验证性。

例如，我可以用"FABE"模型这样向客户介绍诉讼策略：根据您公司提供的基础材料，我们经过分析，如果从某方面有所突破的话，就应该可以在二审阶段为您公司扭转败诉的诉讼局面，至少挽回多少损失（B），因为我们是当地唯一一家（A）专门做高端民商事诉讼争议解决的律所（F），这是大数据分析报告，像这类案件我们所每年会处理多少件，胜诉率高达多少，下面请让我为您现场做一下主旨演示详细分析一下吧（E）。

所以法律服务介绍的"FABE"模型，就是我的法律服务有什么特点？这个特点有什么优势？能给客户产生什么利益？解决他们什么问题，为什么我刚才说的都是真的？这就是"FABE"模型的核心。

如果律师在和客户沟通时，能在很短的时间之内，运用"FABE"模型去俘获客户的心，那么你的法律服务一定会让客户买单。

二、方法——在庭审中如何向法官陈述

对于专门做诉讼案件的律师来说，除了和客户沟通时是这样，与法官沟通时也要注意沟通技巧。当然也可以用到演讲的模型和技巧，在充分理解法官的基础上，找到法官关心的案件争议焦点，从事实和法律上简明扼要地说理，代表当事人阐述代理意见和观点。

前一阵有一本书值得阅读——《向上汇报》，这本书是由诸多国外公司高管在总结了中层向高层汇报时种种误区的基础上，而提出在向高层汇报时的解决方案。书中的内容给人的启发在于，它提到了在进行公众演讲和向高管汇报时语言和技巧上的区别。

公众演讲，如 TED 演讲，需要在 15 分钟之内持续抓住听众的注意力，所以一上来就需要从讲故事的角度出发，描绘场景、描绘细节，给观众画面感和代入感。

而在向高管汇报时，就需要直击主题，用最短的时间让高

管了解到中层和员工想说的重点是什么，而不需要做大篇幅情景铺垫。

我们可以把法官视为律师的"高管"，在短时间内用逻辑清晰、简单直接的语言向法官传达观点，用演讲技巧影响受众决策。

律师在陈述的过程中，需要在以下几个方面有所注意：第一要分析受众，也就是法官；第二要直击重点，结论先行；第三要设立架构，分点阐述。注意了这三个方面，相信你一定能有逻辑有层次并在很短的时间之内，向法官陈述明白你的观点和想法。

（一）分析受众：法官

换位思考一下，如果你现在是一位法官，面对一摞摞的案卷，审不完的案件，写不完的判决书，对你来说最宝贵的就是时间。从客观角度讲，每位法官都会有以下几个共同的特点。

1. 很忙

希望律师干脆利落直接说重点，时间越短重点越突出越好。你可能有这样的体会，尤其到每年年底的时候，一个法官可能在一天之内要开5到6个庭，半个小时到一个小时就要完成一次庭审。所以法官没有那么多的时间去听一个律师滔滔不绝、喋喋不休，没逻辑没重点地阐述案情。

2. 很聪明

法官都希望律师客观陈述事实和当事人的诉求，反感律师挑战他的权威。作为律师，千万不要低估任何一个法官的智商，也许你在说第一句话的时候，法官已经知道了下一句你要说什么。所以没有必要太过于绕弯子或者兜圈子，你需要像外国人的思维那样，直来直去地阐述你的观点。

3. 懂法律

法官和律师一样懂法律，甚至比律师还要懂法律，法官希望律师以事实为基础，为其提供法律支撑的线索和脉络，这时候空谈法治意义起不到实质性作用。法官和律师一样，大多数都是学法律的，而且他们的法律功底甚至更加扎实。因为长时间审理同类型案件，经验要比律师多得多，所以法官掌握法条及司法解释的扎实程度可想而知。有时实实在在地向法官表明律师的观点，也许会赢得法官更多的赞同。

（二）直击重点——结论先行

无论是庭前和法官沟通当事人的诉求，还是在庭审中陈述己方观点，都应当先说结论，再列点说明支持结论的要点，最好采用"总－分－总"的结构。

我记得处理过一起离婚诉讼，在开庭前向法官表达当事人调解诉求时，我是这样说的。

法官您好，我的当事人同意调解。

首先，孩子抚养权归女方，男方支付抚养费，关于抚养费的具体数额可以和对方协商。

其次，关于房产有两个调解方案。第一个方案如何如何；第二个方案如何如何。

拜托您在庭前多做做调解工作，促成调解。

我说这番话的时候用时不超过一分钟，简洁直接地向法官表明了我方当事人的调解意愿和调解方案，法官立刻就明白了。

那天法官做调解工作时，当事人和法官说了一个半小时，她说的每一句话其实和我一分钟说的意思是一样的。当事人可以全面、有感情地、感性地去释放她的不满或委屈，但是律师应该更加理性，要代表当事人向法官简洁明了、逻辑清晰地阐述当事人的需求和需要解决的问题。

（三）设立架构

不管向法官陈述什么，如果说的内容超过三句话，就一定要事先设立一个架构。设立架构的意义在于：把复杂的问题用相对简单的语言表达出来。

这个架构可以是总－分－总、可以是1.2.3、可以是首先、其次、最后。这样做既可以让律师在向法官陈述时有思路、有逻辑、有层次，同时也可以让法官听着不累、容易理解。

曾经有一个案件，我是在某法院做被上诉人的代理人，在向法院提交补充代理意见时，法官就先提出了他心中的六个疑问，我从这六个方面入手，提交了补充代理意见。然后把这六方面作为诉讼争议焦点的脉络，在每一个诉讼争议焦点之后概述代理意见，之后在每一个代理意见项下又从三个层面进行了具体的事实和法律阐述。

这样的一个补充代理意见当庭陈述完并呈上去之后得到了法官的认可和赞同，所以无论是语言上还是向法官递交的书面诉讼材料上都要结论先行。理解法官想解决的问题是什么，之后分层次、分点来阐述我们的事实和法律观点，这样的一个逻辑清晰的结构，一定会在法庭上起到积极的效果。

爱因斯坦曾说，如果你不能简单说清楚，那就是你还没完全明白。所以，律师在向法官陈述或"汇报"时，要在熟悉案情的基础上，结论先行，设立一个架构把复杂问题简单化地讲出来。如果律师用直击重点、简单明了的语言向法官陈述，法官一定会在心里认同你，没准还能给你一个大大的赞。

三、应变——即兴演讲中的小套路

说到即兴演讲，说多了都是泪。以前，即兴演讲一直是我在演讲方面的一个短板。当别人突然袭击让我说说感想、让我发表一下"独到"的见解、毫无准备之下让我畅所欲言时，我往往感到无话可说，红着脸摆摆手，做不好意思状。

对于之前的我来说，备稿演讲会比较容易上手，只要准备充分，多加练习，声情并茂再加上手势动作，演讲起来会得心应手。可到了即兴演讲，需要在很短的时间之内作出反应，还要很有逻辑，结构清晰，引经据典，不假思索地拿来就讲，一开始我觉得，真的是太难了。

可当我无数次羞于、恐于即兴演讲时，我发现拒绝的并不是即兴演讲本身，而是一次次展示自己的机会和被别人认识的可能性。所以我下定决心要攻坚克难，克服即兴演讲的恐惧，提升自己即兴演讲的技能。

即兴演讲从规律上说，其实也有规律和套路，下面介绍三个即兴演讲常用的模型。

（一）"奥利奥"模型

第一个演讲模型，叫做"OREO"模型，"OREO"是奥利奥饼干的缩写，所以这个模型我们也可以叫它"奥利奥"模型。

第一个 O 指的是观点（opinion），在回答即兴演讲的问题时，我们一开始就要回答出我们自己的观点和立场。

第二个 R 指的是理由（reason），在回答完观点之后，我们可以说出自己的理由，理由可以从正反两方面说，也可以分成三点一次阐述。

第三个 E 指的是举例（example）。可以针对你的观点举出一个例子，稍作展开给予说明。

最后一个 O 就是再次重申一下我们自己的观点（opinion）。

打个比方说怎么看待知识付费这个问题？根据"奥利奥"模型就可以这么回答。

观点：知识付费是时代的产物，是未来的大势所趋。

理由：为知识付费可能是为了缓解人们的自我焦虑；可能是为了筛选过度泛滥的信息；也可能是对优质内容的渴求。

举例：例如，我可以花不到 200 元在得到 App 上聆听北大教授的商业课程；我可以花 100 多元在简法 App 上订阅垂直类法律产品的专栏；我可以在浩如烟海的微信公号里让大咖和牛人帮我萃取出值得关注的信息精华。这些省下的时间和付出的几百块钱相比，简直就是赚到了。

观点：所以我认为我们该为知识付费，为知识付费是观念的转变，是未来的时代发展。

这个模型比较适合对于某些问题发表自己的观点，是个比较常用的套路。

（二）问题方案模型

第二个套路，是问题方案模型。在做即兴演讲时我们可以就"发现问题、分析问题、解决方法、期望结果"四部分来阐述。

例如，团队在复盘时，针对法律文书没有引起法官重视的情况，可以这样剖析具体原因和归纳解决方案。

第一，在这个案件中，我发现法官对于代理意见这个选读法律文书并没有看，或者看后没有采纳。（发现问题）

第二，问题原因在于文书的排版没有引起法官的注意，段与段之间没有留出必要的空行，同时对于关键句没有加粗加黑。（分析问题）

第三，我提出一个解决方案：根据争议焦点总结归纳出若干条代理意见，对重点句加粗加黑，段与段之间留有空行，排版美观，加强法官的阅读愉悦感。（解决方法）

第四，相信按照这种方式提交的代理意见，会引起法官重视，其中的观点如果能被法官采纳，将会对案件的胜诉起到积极作用。（期望结果）

瞧，掌握了规律和方法，即兴演讲其实并没有想象得那么难。

（三）万能模型

第三个套路，是万能模型。正所谓，一生二，二生三，三生万物，所以万能模型是一定要分三点来讲的。掌握了万能模型你就会发现：所有即兴演讲的场合，你都能讲个一二三出来，你的形象立刻就高大上起来。更大的好处还在于，会让听众觉得你的思路非常清晰，听得一清二楚，迅速抓住你的重点。

在万能模型当中，我也给大家举三个例子。

第一个例子，我们可以通过时间的线索，先说过去、再说现在、最后说未来。如中国有悠久的历史，现在正在进行社会主义现代化建设，未来一定会实现中华民族的伟大复兴。

第二个例子，就是故事线索，现在都流行讲故事，谁也都可以讲几个亲身经历的故事。通过故事，我们可以得出一些感悟，最后提炼一个金句。如果这个金句自己提炼不出来的话，也可以直接引用名人名言。

第三个例子，就是马云的套路。马云说话是公认的有水平，每次说完都给人一种高山仰止、"不明觉厉"的感觉。马云的讲话之道，其实是可以拆分为三个部分。无论记者也好，观众也好，向马云抛出一个问题，马云第一步一定是要首先否定这个观点的。第二步，他一定会提出一个标新立异的新观点，最后站在一个更高的层次上论证自己的新观点。

曾经在一次阿里新人交流会现场，面对"现在媒体普遍都在报道你成为中国首富了，你有没有可能成为世界首富？"这个提问时，马云回答道："我从第一天开始就没想过当首富……甚至没有想过成为杭州下城区或者翠苑街道的首富。"

这是第一步——"否定观点"。

接着马云说："其实现在中国最幸福的人是一个月有两三万、三四万块钱，有个小房子、有个车、有个好家庭，没有比这个更幸福了，那是幸福生活。"这是第二步——"提出一个标新立异的独到观点"。

最后马云又说："钱在 100 万的时候是你的钱。超过一两千万，麻烦就来了，你要考虑增值，是买股票好呢、买债券好呢、还是买房地产好。超过一两个亿的时候，麻烦就大了；超过十个亿，这是社会对你的信任，人家让你帮他管钱而已，你千万不要以为这是你的钱。"这是第三步——"对自己观点的论证和升华"。

所以，马云的即兴演讲套路是先否定一个观点，然后提出一个标新立异的新观点，最后站在更高的层次上进行升华。

我经常说，即兴演讲都是"悬疑惊悚"的，这是我以前对于即兴演讲抱有的一种心态，但现在我学习了一些套路之后，我发现正是因为即兴有套路，所以演讲才不恐怖。

当然，除了套路，即兴演讲还需要多加练习，从我自己的经验出发，加入一个演讲的社群，每天练习两分钟的即兴演讲会迅速提升自己的演讲能力。在我参加的社群里，每天会有人出一道即兴演讲的题目进行接龙，在对上一位演讲者做评价之后，用两分钟阐述自己的观点。每天两分钟，即兴演讲技能就会嗖嗖地往上升。

可见，无论是即兴演讲也好，还是备稿演讲也好，只有"套路"还不够，所以还需要不断地刻意练习。

总之，对于律师来说，演讲并非锦上添花，而是我们的基本技能。演讲技能应该是每一位律师的"标配"，因为演讲的能量，超乎你想象！

Chapter 2

律师须会写——写作

一、意义——写作对律师职业发展的意义

《律师之道——新律师的必修课》一书中写道，"法律写作不仅是我们向客户提供法律服务的手段和途径，也是提高我们语言表达能力、缜密思维、全面考虑问题的关键。"

很多青年律师问过我：从事律师职业需要具备哪些素质？我用口头表达能力和书面表达能力来回答。因为律师的工作常常伴随着观察、分析和判断，这些都需要借助语言和文字形式的载体呈现。但就律师最终呈现给客户的工作成果而言，我们的绝大部分工作都需要通过书面来完成。

即使是庭审发言，最终也要形成书面意见提交给法庭。即使是商务谈判，最终也要形成书面的会议记录或者合约。所以，律师最重要的素质，如果是单选题的话，答案只能是：写作能力。

而且，对于青年律师而言，他们并不是都有发言的机会。在一些论资排辈的场合下，根本轮不到年轻人说话。还有一些律师，地方口音较重或者由于性格内向，不擅长语言交流。更为重要的是，口头表达给我们思考的时间很短，我们表达出来的内容，很有可能逻辑不够严谨、条理不够清晰，出现"词不达意"的情况。即便我们口若悬河、妙语连珠，这些语言

也会随着时间的流逝无法留下一点痕迹。

律师的写作能力，除了可以弥补口头发言时的缺憾，完整、准确地表达律师诉求，还能充分展示出律师的才能，树立起律师的品牌。

写作，对于青年律师有着重要的意义，以下我分三点详细介绍给大家。

（一）写作是青年律师的主要工作

一项由马萨诸塞大学法学院、达特茅斯大学的教授 Shaun Spencer 和哥伦比亚大学的博士 Adam Feldman 共同发起的调研分析表明：清晰的写作可以赢得官司。

调研分析比较了当事人双方的案情摘要，发现了具有统计学意义的相关性：在排除"律师经验、律所规模及律师在同一法官之前的经历"等干扰因素后，一份案情摘要的可读性和法官是否支持该观点，有着密切的关联。

调研对比使用了 50 种不同的度量标准，包括许多现在常见的方法：简单的词汇表、简短的句子和段落、明显的组织结构和图像等。

研究人员认为，更容易阅读的案情摘要会使法官更容易理解为什么有关事实的特定观点是毫无争议的。

"参与调研的联邦法院的审判结果与我们的假设一致。首先，摘要的可读性与动议获得支持的程度有很大的相关性。其次，当提起动议一方的摘要比非动议方的摘要更容易读懂时，动议方获胜的可能性就增加了一倍多，从 38% 上升到 83%。"

"伟大的法律写作非常有说服力，我偶然见过，那种文字仿佛会牵着你走。它看起来很简单，就像这个结论本就理所应当。你看了看，然后说，哇，这太清楚了，怎么会有人反对呢?"

没有什么比一份结构清晰、逻辑连贯、文笔流畅的法律文书更能吸引法官的注意力了。这也使得青年律师更容易受到法官尊敬。对于执业初期的青年律师，拼关系、讲经验都是弱选项，只有具有说服力的法律文书，才是诉讼中无往不胜的利器。

在非诉讼领域，写作简直就是律师的立身之本。非诉律师的业务面非常广，包括了企业上市、投资并购、基金的发行、投资项目的法律尽职调查、法律意见书、企业服务产品合规性审查等业务。非诉律师最主要的工作内容就是针对客户的项目，对其是否符合相关法律法规的规定进行各个方面的审查，对于可能给项目造成障碍的法律问题进行分析并提出解决途径，最终的成果往往是法律意见书或者尽职调查报告，这份法律文本是将来客户向监管部门进行申报时不可缺少的部分。

相对于诉讼律师在庭审中的口头表达能力要强，非诉律师更要求书写法律文书的案头能力。一名优秀的非诉律师必须具备良好的写作能力。

除了法律写作外，青年律师也会涉及日常的书面交流，如Email 和一般的信件。书面文件兼具直接性和间接性的特点，不受时空的限制，能让对方有冷静思考和回应的余地，能够避免因言语不当和情绪波动引发交流双方的直接冲突。例如，在对方已经先入为主形成意见的情况下，你讲的越多，对方越反感，即使你讲的有道理，对方为了维护自己的面子也往往不会当面认同你的意见。在这种情况下，如果律师能够用书面方式、有理有据地阐述自己的观点，不造成"兵临城下"的紧张局势、不损伤对方的面子，事情可能会发生转机。

（二）写作是青年律师最佳的宣传手段

2009 年，李庄案发后，偏居于杭州的陈有西，发表了一篇"法治沉沦：中青报奇文批判"，迅速在社会和司法界引发热议。由此带来的结果便是陈有西获得李庄家属的委托，并在为李庄辩护的过程中名满天下。

为什么是陈有西？全国几十万的律师中间，为什么只有一个陈有西写出了这样的文章？

其实，这绝非一次偶然的幸运，而是陈有西一个良好习惯累积的结果。这个好习惯，就是拓展案源、营销个人品牌的绝门杀技之一：写文章。

写文章，真的对律师个人品牌的营销有如此巨大作用？

律师写文章，会直接促进业务拓展，并非孤例。大家想一想北京天同律师事务所为什么能够迅速崛起呢？一个重要的原因是他们的文章颇见水准。他们的律师用了大量高质量的文章展示了他们的专业水平和综合素养，为他们做了最好的广告。

律师"写文章"之所以有宣传的效果，就是因为一篇好文章，一篇让读者茅塞顿开的文章，会在读者心中迅速建立"专家"的形象，而这一切，正是潜在客户需要的。

（三）写作有助于青年律师实现弯道超车

青年律师在执业的初期是非常艰难的，没名气、没资源，而且会给客户以"经验不足、办事不牢"的印象。青年律师要怎样突破这个困局？我认为，还是要利用好写作这个利器。

我曾看到过一位刚刚踏入律界的青年律师逆袭的故事。和大多数人一样，他没资源、没经验，经历了执业初期漫长的等待，也阅读了大量的法院判例，做了细致的裁判要旨和裁判观点的归纳工作。执业初期，他仅仅靠着一支笔长期不懈地写作，用大量有见解、有干货的文章赢得了客户的了解和认可。功夫不负有心人，如此两三年过去，还写出了一本劳动诉讼方向的书稿并得以出版，顺理成章地成了当地劳动法领域小有名气的专家律师。

曾有一个资深律师告诫过我："做律师这行，不能光埋头干活，还要抬头看路，如果一个律师不擅于总结经验，就算做再多的事情，也没人会相信你。你做了很多案子，回头去总结出来，就会发现你的功力提升了。"

青年律师写文章不是为了发表，而是为了提升自己。在写文章之前，我们会大量阅读这方面的案例和文献，从别人的素材中发现和弥补自己的不足。这个过程，就是吸收、归纳和总结的过程。当我们看着自己的文章，浏览论点，发现一些不足之处和有失偏颇的地方，也会发现自己原先未注意却也是闪亮点的地方，对于深化认识，进一步弄清将要研究的对象而言，这还是非常必要的。通过自我反思，结合其他观点理论和再剖析再认识，不断提高和强化自己的业务水平。这就是我们常说的用写作的方式为自己复盘。

当你的文章达到一定的水准的时候，自然就发表了。而且现在有这么多事务所的公号，连自己都成了自媒体，如果你的文章水准够好的话，别人自然会找到你。就会有更多的人关注你的专业，发现你在这个专业的能力，前提是你要能够把自己的能力表达出来。

俗话说："一白遮百丑"。写作能力对于青年律师而言，就是"白"。出道之初，只要运用好写作这个特长，就能够让我们迅速脱颖而出。我看过很多律师同行招聘律师助理的要求，除了一些硬性指标，例如，学历、外语、法律职业资格等，很多人都会要求"有较强的文字功底"。这就意味着，写作能力是律师行业的共性要求。只要我们掌握了这个优势，就可以掩盖我们在其他方面的不足。

二、质变——每天坚持写作从量变到质变

"一文成名"的陈有西律师，其实20年前就是《民主与法制》的特约作者。其中文系的背景，使他有了得天独厚的条件——尤其是相当多的律师连代理词都写不清楚的局面下，能够写得一篇令人欲罢不能、荡气回肠的文章，使他成为中国律师中令人注目者之一。

台湾著名的学者王泽鉴教授曾说："法学的训练就在写作，一定要写，一直要写，因为写才能让你深刻。"作狭义的解释，只有坚持地进行法律写作，才会使得法律专业水平练就的更有深度。

陈有西律师和王泽鉴教授都给我们提供了青年律师成长的

路径，就是坚持写作。今天我要和大家讨论的是以下几点。

（一）坚持写哪类文章

1. 最有学习价值的文章：描述业务精细之处

我是主要从事民商事领域的律师，如果我想写有关公司股权协议效力无效的归纳文章，虽然看起来不够精细，但是它描写的是一个非常窄的一个业务领域当中的一个关键点，并且这个问题的描述还是具有权威性的，那么它的可读性相对就比较大。

站在客户的角度来讲，这篇文章能让客户知道公司股权的内容中哪种情形会被法院认定为无效，并且在实际操作中规避这种行为，因此，客户就容易觉得这是非常有价值的文章。

2. 最有学术价值的文章：引领某细分领域前沿

"专业"本身就是你的律师价值所在，只做最精通的那一方面，并且把这个业务领域越做越深、越做越专。当然，"专业"这是一个相对的概念了，原来我们讲专业化，其实我认为专业化的尽头就是专业复合化。

例如，高端的婚姻法领域，就是要呈现专业复合化的交叉。高端的离婚案件有时会涉及涉外财产的分割、公司股权的处理等。真正精细的东西一定是高度复合化的东西，但是在这个复合化的领域里面，你只能在一个更细分的市场当中找到对于自己更有价值的一个位置，这个是会提升你的权威性的。

3. 最具有收藏价值的文章：归纳统计类

在近几年的承办案件中，我积累和参考了大量的公司法案例，因此就想写一本关于公司法的书籍。为了这本书，我做了大量的引用和统计，主要是最高人民法院的相关司法观点和集成。除此以外，也有参考如北京、上海、广州地区中级人民法院的一些审判指导和审判观点，包括散见在各大著作中的行业专家、知名法官、著名学者的学术观点。这样的文章就会很有实用操作性和可读性，很有价值。

例如，现在司法界关注度较广的微信公众号"高杉LEGAL"，他们就经常做一些司法案例和司法观点的汇集和整理工作。他们的访问量非常高，不仅仅是因为他们文章的专业程度高、实务性强，更重要的原因是他们的大多数文章有归纳统计和总结的特质，这样不仅可以使广大的读者了解到最新审判前沿和动态，还颇具收藏价值。

4. 具有普及意义的文章：通俗易懂

具有普及意义的文章，即最有效的文章是能够快速给潜在当事人提供帮助的文章。例如，类似"离婚如何分割财产"这样的文章，在网络上总是很受欢迎。《生存与尊严》的作者马贺安律师曾在书中讲述过他的经历。他在执业初期曾在当地开设了一档《律师帮你》的专栏，效果非常好。每周如戏剧般编写一个小故事，让主人公先渐入佳境，再运用一个法律技术，突然柳暗花明。像这样的文章就是面向普遍大众的，不是太具有专业性，但它是大众所感兴趣的。

执业初期的青年律师，多数人是要与普通民众打交道的。将你擅长的而且是潜在客户迫切需要的知识，写成专门的文章并传播给那些可能需要帮助的人。例如，如果你想帮助商业客户，你应当写这类的文章——"签订合同常见的几种失误"

等；你想帮助离婚案件的当事人，你可以写"如何离婚才能最大程度——减轻伤害"这类文章等。

这样的文章，有着重要的功效。那些遇到法律困境的当事人，在看到你已成文的这些帮助时，这些未卜先知似的知识与建议，一是帮他们初步厘清了乱麻，指明了隧道尽头的光明所在；二是减轻了他们因为困惑而遭受的痛苦，进而，他们对你心存感激，而会认为你是这方面的专家。于是，他们可能立即与你联系，希望获得你进一步的帮助。

这些文章可以根据个人的知识来构思，只用几个小时就可以写完，然后在各种出版物上发表。

（二）如何实现从量变到质变的过渡

优秀的法律文章总是与众不同。我相信，只要以目标为导向，有针对性的去写，未来一定能取得收获。那么，如同我们常常谈及的效率问题，有哪些方法论可以助我们提高写作能力？更高效地写出一份兼具专业性与可读性的法律文章呢？

1. 多写

谚语道："好记性不如烂笔头"。其实对于如何写文章，最通用的原则就是多写。好文章是练出来的，要下苦功夫。正所谓熟能生巧，只有多写，你的思路才会开阔，文笔才会洗练。我认识不少律师，开始写的文章很难入眼，但他们坚持不停地写，文章就越来越好，不断有文章被刊登和转载。律师能写的素材和机会非常多，如自己或者同事办的案件，我们可以把它写成专业论文；一部新的法律颁布，我们可以把它写成介绍文章；对于社会发生的法律事件，我们可以写成评论或者案件剖析。

2. 多读

好文章是能够朗朗上口的，不适合朗读的文章一定存在问题。建议大家在写完文章以后，自己进行一遍又一遍的朗读。通过朗读，你就会发现语法乃至结构方面的错误，也能发现文笔是否流畅、用词是否准确等问题。朗读的过程是自己与文章的一次交流，在这个过程中可能会启发自己的思维，引导自己进入新的境界。

3. 多研磨

好文章是学出来的。研磨文章，就是对范本不断研究、琢磨，把范本从薄到厚过一遍，从厚到薄再过一遍，搞深、搞透、搞彻底，直至内化为自身的东西。

研究别人的文章时，一定要带着问题去看，同时要进行认真的思考：作者为什么这么写？若换作我，我会怎么表达？作者的表达还有没有提升的空间？有的时候可以将多篇文章进行比较，找出它们的差别、分辨它们的高下。

研究好的文章，可以批量进行，这样方便对比，容易发现规律，吸收更快。例如，法律意见书，可以下载国内排名前十的大所范本来进行比较学习。若研究判决书，可以看同一个案由案件在各个审级查明事实以及本院认为部分如何展开。

4. 多临摹

我的方法是抄写一些语法正确、逻辑性强的文章，例如，报刊社论、政府工作报告、党代会报告、法学家的著作、法条等。这些文章的观点我们未必接受，但是这些文字大多是经过千锤百炼的，很少存在逻辑和语法的错误。我们在抄写的过程中会受到它的影响，从而建立起强烈的中文语感。如果坚持每天抄写一篇几千字的范文，坚持一段时间之后会发现，这种语感不知不觉地渗透到了我们的写作中，变化越来越明显。

5. 多改

好文章是改出来的，只有不断的修改、雕琢，文章才能经得起推敲。古人有"一字千金"的典故，也有"一字之师"的美谈，我个人觉得文章永远有改的空间，我常常用"缩句法""替换法"对文章进行修改，让文字更凝练、词汇更丰富、表达更精准。有些文章我不满意，我就暂且将其搁置，等过一段时间再来修改，直到自己难以改动了，才将作品提交。

三、经验——结构＋逻辑＋颜值

什么样的文章才算是好文章呢？我认为好文章有三个标准："结构合理""逻辑严谨"和"颜值高"。

（一）文章要"结构合理"

《律师之道——新律师的必修课》一书中写道："青年律师在进行法律写作时，应该将文章内容视为一个整体。条款与条款、段落与段落之间的逻辑关系必须合理、流畅。"

说起文章结构就不得不提到《金字塔原理》。这本书最初是芭芭拉·明托最初为了指导管理咨询顾问商业报告特别是管理咨询报告的写作而提出的。"金字塔结构"只是客观存在的框架，而芭芭拉·明托将"金字塔结构"提炼为一个表达工具。

金字塔原理本质上就是一种适用于商业公文写作的特殊金字塔结构。一般的金字塔结构就是从顶层的中心论点出发，向下分解成多个论据，每一层的论据又可以作为论点继续向下分解成论据，如此层层延伸成金字塔状，所以被称为"金字塔结构"。

金字塔在结构上可分为"并列型"和"直列型"。并列型的结构，就是下层信息各自独立，并且支撑上层信息。在这个结构中，任何一个下层信息都和上层信息有直接关系，同时上下层信息的纵向关系较强，而下层信息之间的横向关系较弱。

直列型的特征在于，下层信息之间的横向关系较强。在这种结构中，下层信息之间有强烈的序列关系，但是只有最后面（通常为最右侧）的下层信息支撑着上层信息。适合使用并列型还是直列型的结构是根据引导出信息的方法而定，这大致应该有个规范。

下面我要介绍一种构建金字塔结构的方法：自下而上法。

自下而上法是一个先发散再收敛的思考过程，目的是提炼出一个结构完整、逻辑清晰的框架，以帮助下一步系统地解决问题。自下而上法具体分为四步，每个步骤的关键内容和主要工具、方法如下。

"步骤一：罗列要点"是一个发散思考的步骤，输出结果为一张半成品逻辑思维导图。该步骤的关键是不要只在头脑里空想，最好在一张纸或在电脑上罗列自己第一时间想到的要点。罗列要点时建议使用思维导图工具，因为逻辑思维导图从中心向四周发散的形态以及图文结合的形式有助于刺激大脑的发散思考，能帮你想到一开始你可能认为自己根本想不到的要点。运用逻辑思维导图罗列要点除了个人使用，也可以在团队头脑风暴时使用。

"步骤二：连线归类"是一个将发散思考的结果进行收敛归类的步骤，输出结果为一张成型的逻辑思维导图。该步骤的关键是掌握归纳推理的三个逻辑顺序（时间顺序、结构顺序、重要性顺序），以及演绎的逻辑顺序。归类要点时必须符合这四种逻辑顺序的其中一个，否则你需要考虑对要点重新归类，甚至需要对部分要点重新分解、升级或修改。

"步骤三：形成框架"是一个将逻辑思维导图转化为问题解决框架的步骤，该步骤的关键是根据问题的类型，选择合适的问题解决框架。

"步骤四：检查框架"是检查形成的框架是否符合所谓"MECE 法则"，就是要把问题拆解到底，把所有的分类情况都包括在内，且没有逻辑上重复的地方。"MECE 法则"（Mutually Exclusive Collectively Exhaustive，中文可译为"完全穷尽、相互独立"）的关键是要对框架中的每一层每一组都做"不重复、不遗漏"的检查。

（二）文章要"逻辑严谨"

逻辑对于法律写作的重要性，首先就体现在写作的第一过程中，即认识客观事物形成法律评价的过程。要想写好一篇文章，要有好的思想，而好的思想则来源于正确的思考方式。

你曾经是否碰到过这样的情形:遇到一个问题,隐隐约约有一些想法,但是非常零散,虽然自己知道肯定还有很多方面没有考虑到,却不知道如何组织和完善。于是你的大脑开始"原地打转",目光开始涣散,表情木然,呈现发呆状态。

哈哈,你没听错,你可能掉进了逻辑的陷阱!

接下来我将让你彻底摆脱这样的"呆"样,告诉你一些"小套路":一种是归纳推理,即归纳式逻辑分组;第二种是演绎推理,即演绎式逻辑论证。

1. 归纳推理

米勒在《神奇的数字七》中阐述了人类信息加工能力的局限:"人脑的短期记忆无法一次容纳约7个以上的记忆项目,大脑容易记住的是3个项目,当然最容易记住的是一个项目,这就意味着当大脑出现需处理项目增加到4~5个时,就会开始将其归纳到不同的逻辑范畴中,以便于记忆。"

归纳推理就可以这样被描述,它是一种由特殊推导出一般的思考方式。参考米勒的研究,人脑能够进行的归纳推理活动有且只有三种形式:按照时间先后的逻辑关系归纳、按照整体与部分的逻辑关系归纳和按照同类事物的逻辑关系归纳。《金字塔原理》将这三种归纳的逻辑关系分别称为时间的逻辑顺序、结构的逻辑顺序和重要性的逻辑顺序。

时间的逻辑顺序,简称为时间顺序,表示"时间先后"的逻辑关系。顾名思义,时间顺序就是按照发生时间先后所排列的顺序,如案件发生的时间顺序。

结构的逻辑顺序,简称为结构顺序,表示"整体与部分"

的逻辑关系。所谓结构顺序，就是按照构成顺序组织各个部分，这些部分拼起来就是一个整体。结构顺序主要可以分为两类：地理位置的构成和抽象概念的构成。按照结构顺序组织论点时需要遵照一定的顺序，如顺时针或逆时针的顺序，自上而下的顺序、自东往西的顺序等。

重要性的逻辑顺序，简称为重要性顺序，表示"同类事物归为一类"的逻辑关系。所谓重要性顺序就是找到一类事物的共性特点，再按照共性特点体现的强弱组织论点的顺序。

重要性顺序还有第二层含义：按共性归类在一起的要点或物体需要按照共性程度的强弱排列先后顺序，或者由强至弱，或者由弱至强。

2. 演绎推理

除了归纳推理，还有演绎推理。何谓演绎推理？举个逻辑学中关于演绎的经典例子，大家就明白了。

所有人都会死（大前提），苏格拉底是人（小前提），推导出苏格拉底会死（结论）。

演绎是一个由普遍到特殊的过程，即基于已知的普遍规律（大前提），代入一个特殊前提（小前提），从而得出一个具体结论的过程。

演绎推理的正确性建立在三个基础上：一是大前提所代表的普遍规律绝对正确；二是小前提是大前提主语或宾语的特殊情况；三是导出结论的判断符合充要条件。

演绎推理相较于归纳推理更容易犯逻辑错误，结论也更容易被挑战。

3. 如何运用

（1）"聚焦"。在法律写作的时候，我们可以直奔主题，抓住问题的要害、争议的焦点，重点解决主要矛盾，剩余时间消灭次要矛盾，而不是平均发力。对于非重要性的问题，简单陈述即可。

（2）"归类"。一份案件或者一份尽职调查报告，可能涉及众多的问题，我们可以先根据性质进行归类，逻辑就会变得清晰很多。例如，我们写代理意见的时候，可以从程序、实体、法律适用等方面，分别指出案件中存在的问题。

（3）"分点"。有些时候，我们无法准确地将问题进行分类。那么，我们可以根据主次、轻重、缓急或者递进关系进行分别表述。如法律文书的写作，就可以采取分点的形式，但最好不要超过五点。

（三）文章要"颜值高"

律师的写作，本质上就是在向受众传播思想并影响受众的决策。正如广告商在向我们推销迷人的作品一样，我们的法律文章也要具备"高颜值"，才能有助于传播我们的思想，影响受众决策。"颜值高"的文章有三大要素。

①选题。选题是对文章的一种设想和构思，就是我们的文章会选择什么样的一个角度。我们要从一些特别的视角去看待和阐述问题，文章最好能够表达别人看不到的东西，切忌人云亦云、平铺直叙。如从移居的角度解析新修订《住房公积金管理条例》的文章，这个文章应该备受打算移居其他城市的群体关注。

②题目。题目是非常重要的，起到的是核心和画龙点睛的作用。例如，我观察到网上关注度高的文章都有几大特点：有案例故事、易读性强、给出专业上的看法。因此，不妨可以先从文章的题目出发，构思文章的整个脉络。

网上几种常见的爆款文章，题目的形式主要有：用法律技术解决生活的问题；借热点的东风；送福利帖；纯法律专业型。

③内容。现在的文章从内容上来看主要包含以下几种模式。

1）"蜻蜓点水式"。这类文章多集中在新领域、或者受人关注的某个细分领域。对于青年律师群体，有一些专业并不太精通的，但立志于从事那个领域的，可能会尝试去写这类文章。

但是我不建议大家去多写"蜻蜓点水式"的文章，尤其是经验尚浅的青年律师，因为理论、经验的缺失，致使法律文章也呈现半成品的状态，间接影响到律师的专业形象。如果一定要去写的话，不仅要分析你的受众群体，还要尽量措辞严谨，保证文章内容的正确率。

2）"娓娓道来式"。这类文章多集中在探讨一些具体业务落地时的操作方法，如《离婚中的房产分割实务操作》。因为是有结构有顺序的操作，所以常常使用平铺直叙的写作方式，有点像专业人士讲述解决方案的味道了。这是常见的一种写作方法，但它的缺点就是没有新意，缺少亮点。

3）"归纳总结式"。此类文章多在法律职业体内部传播，如关于《最高法院房屋租赁合同纠纷裁判规则》的文章。文章作者会借助最高法院的带有权威性的司法观点、指导意见，梳理相关案例，归纳裁判规则和裁判观点。这样的文章干货就比较足，专业性强，对法律人的吸引力比较大。

4）"时政式"。"时政式"文章一般都是针对时事热点展开，"手快"是第一要务。热度一过，话题也就失去了关注。所以，要想自己的作品获得关注，必须在第一时间进行写作并发布。以快打慢，越快越好。

例如，近期热播的《人民的名义》，很多不同专业的律师就相关的热点问题发表专业评论，蹭热点关注度，其中就有做房地产案件的律师发表了一篇"大风服饰厂被拆迁，员工如何安置？"的爆款文章。出手快的律师，他们的评论作品更容易被媒体发现，被网络转发的可能性大。出手慢的律师，不但赶不上热度，甚至找不到可以说的观点了。

此类文章的时效性非常强，短期内极易获得巨大关注度。这类文章最容易迎合市场，最容易迎合阅读群的兴趣。青年律师是对媒体比较敏感的一代，我比较建议青年律师多从热点的细节出发，找到与本专业的结合点，发挥好传播优势。

古人云："言之无文，行而不远"。对于青年律师而言，我们可以理解为："一名律师如果不善于写作，就很难实现远大的目标。"写作，练就的是青年律师的真功夫，是青年律师从零开始的必经之路，是青年律师职业发展的助推器。践行、坚持，终将有所收获！

Chapter 3

律师须爱搜——检索

一、思维——检索思维

一提到大数据检索，会让人"不明觉厉"，感觉深不可测。事实上，数据检索是青年律师初入职场必修的课程和必做的功课。以前你用什么检索工具检索？你可以在心里默默地想一想自己的答案，恐怕回答最多的就是百度、威科先行、北大法宝、中国裁判文书网等。

我们身处大数据时代，无论是检索工具、检索平台还是检索方法，更新迭代的速度都非常快。所以说律师须会运用法律大数据检索，其实并不是说要让我们固定使用什么样的工具去检索，而是要让我们形成一种检索思维，运用检索工具加上自己的智慧最终形成法律产品、为客户提供更好的法律服务、形成知识沉淀和积累。

有一个大数据检索的爱好者说，大数据就是"简单粗暴、直接有效"。他自嘲：离开网络检索，他什么也不会，他只是知识的搬运工。他坚信，每一个问题自己肯定不是第一个遇到的人，肯定有其他人遇到过，肯定能够通过检索在网络上搜索出想要的答案。

（一）培养检索意识

现在的小孩子特别喜欢问一些稀奇古怪的问题，有的问题大人可以给他们提供答案，而有的我们根本无法回答。自从我告诉了我的孩子"有问题去检索"，现在不用我说，她自己就会通过百度、淘宝、QQ 音乐、饿了么等网站或工具搜索到她想要知道的知识、想买的东西、喜欢听的音乐和想吃的食物。

由此可见，检索不是那么高难度的事情，关键是要有检索的意识、利用有效的检索工具、掌握正确的检索方法。

另外对于检索意识，还要摆正一个心态，那就是检索不是想象中那么难的事情。用不着西装革履的正襟危坐在电脑前，守着专业的法律网站，非要弄出个几百几千条 Excel 表的汇总，总结出个图文并茂的大数据报告。其实，法律检索无处不在，检索意识很重要。

就拿微信来说，微信就是一个很好的检索工具。微信的 App 经过几次升级之后，现在我们可以通过微信的手机端，检索到联系人、聊天记录、收藏夹里的任何文章、文字、图片……还可以在"发现"里的"搜一搜"检索到朋友圈、资讯、公众号、小说、音乐甚至表情。

你看，检索的工具和方法是"触手可得"的，关键在于检索意识的培养。在你想获取任何你不知道的信息和资源时，请一定把检索当做前置程序。这样，你就不仅会成为检索爱好者，还会成为快人一步的检索达人。

（二）养成检索习惯

检索习惯在养成的过程中，还要注意优化检索工具，在检索的同时做记录，在提交给主办律师最终结论时会同时提供给他检索记录。

检索习惯的养成至少体现在两个方面：第一，要养成写检索记录的习惯，记录检索的过程和初步检索结果；第二，要养成优化使用检索工具的习惯。

1. 养成写检索记录的习惯

检索之后，做检索记录真的是太重要了。以前在利用ILAW 系统时，检索到想要的结果后就完事大吉了，没有形成检索过程的记录，事后再需要复查的时候，仍然要再做一次重复性的劳动，无形中做了很多无用功。

如果说，我在一开始就记录下来我用的是哪个检索工具、针对哪些问题开展了哪些步骤的检索，得出的检索结论是什么的话，就可以为之后的研究、查找、案件分析等做好基础性的工作。

除此之外，做检索记录的另外一个好处就是，当你面对你的师父、你的主办律师、你的客户的时候，用检索记录作为依据，说话会更有底气。

我和我的同事都有这样的经历，如果主办律师交给年轻律师一项任务，或者对某个问题提出疑问，年轻律师会凭印象、凭经验、凭我们在学校里学的有限的知识脱口而出地回答。这就会让你的师父、你的主办律师很抓狂。

反过来想一想，如果当他抛出一个问题、一项任务之后，你拿到他面前的是你大量检索之后形成的检索报告的时候，结果其实已经不重要了，他会在内心对你认真踏实的工作点出一个大大的赞。当然，如果你的检索工具和方法也是正确的话，相信结论也不会差。

那么，检索记录怎么样来做呢？你可以截屏，也可以形成纯文字。网络上有很多公众号的文章专门讲如何写检索报告，你可以检索几篇来研读，研究之后形成自己风格的检索记录。我个人认为，检索记录没有统一的格式，只要能清晰地体现你的检索思路、检索过程和检索结果就可以了。

所以我建议青年律师，当你回答师父或主办律师问题的时候，你的手里一定要拿着东西去，或者是记录本、或者是检索记录、或者是有依据的结论。因此，检索习惯很重要，这是我们养成检索习惯的第一个方面。

2. 养成优化使用检索工具的习惯

另外，检索习惯还体现在优化检索工具。优化检索工具就是说你要用哪个平台来检索？用哪个工具检索？用哪个关键词检索？是用高级检索？还是用快捷检索？

平时，我除了检索法律大数据之外，最习惯用的检索工具就是搜狗的微信搜索，因为会有大量的新鲜的专业文章发布在里面，可供找到答案使用。当然，搜狗也可以检索到网页、知乎上的热门答案。你可以把常用的检索平台设置成首页，一打开网页就能直接检索。

针对不同的检索问题运用不同的检索工具。比如说你要检索某个公司的基本情况，可以用手机的启信宝 App 来检索，会更加的简便、快捷、全面；如果你想知道某个程序性、政策性较强问题的答案的时候，也可以试一试电话咨询。

例如，我最近对税收政策不太了解，那我就给税务局专门负责个人所得税政策的部门打电话咨询，因为这个部门对于政策性问题把控得最好。

例如，我最近接受律协培训委的工作，需要咨询人社局关于继续教育的政策性问题，这些在网上都找不到比较理想的答案，那怎么办呢？最有效的办法就是给人社局专门负责继续教育的部门打电话咨询。

所以，检索其实不仅仅局限于用电脑网页搜索，也可以用手机检索，甚至打电话咨询。因此，只要能找到答案的检索方法，就是好方法。

（三）形成检索成果

我们说，通过大数据检索只是过程，最终最好能形成产品，让大数据检索真正体现出价值。那么，通过大数据检索，我们能形成哪些法律产品呢？

我认为，至少能形成以下检索成果。

1. 大数据报告

检索能产出的第一个成果，就是形成大数据报告。现在网络上有很多不同领域、不同专业的大数据报告，以前也有过大数据报告制作达人通过文章、微课分享过经验。当然，随着法律服务市场的细分，一定会有专门制作大数据报告、可视化的团队外包此类业务，为律师提供服务。

即便不久的将来，大数据报告只需要外包而不需要你亲手制作，但我也建议你应当尝试用检索技术写一篇大数据报告，这既是对学习效果的检验，也可以让你全面体验一下从检索到记录，从归纳到总结的过程，最终形成能对他人有借鉴意义的报告的全过程。

2. 策略分析报告

策略分析报告的目的之一就是影响受众决策。策略分析报告可以写给诉讼案件的当事人，也可以写给非诉案件的客户。不论你的目标客户是谁，策略分析报告在写之前也需要有大量的事实和数据作为依托和佐证，有数据支撑的策略分析报告才能让你的客户更加的信服你。

当然，这份策略分析报告如果能在大数据检索的基础上更加注重颜值，能图文并茂并且彩色打印，综合地将写作、可视化、大数据等精髓集合于一身的话，那将是非常完美的一个检索成果。

3. 写文章、出书

第三个检索成果的体现，就是写文章，甚至是出书。

写文章的话，不一定非要写专业性很强的文章，你可以就某一个你感兴趣的问题展开检索，用文字的方式记录你的好奇心，然后是怎样通过检索一步一步得出答案的。例如，古城有一篇文章，就是出于对路边的一个广告牌的好奇心，写了一篇名为"法律人的检索游戏：广告的合规审查"的文章。

另外，我自己最近的一篇文章，也是出于好奇心写的，有客户电话咨询，问我针对出具私募基金登记的法律意见书能不能做专项的法律服务？收多少钱？还说是批量的，很着急。其实私募基金这一块我平时接触得并不多，但是我很好奇为什么她着急？为什么她说量大？为什么她在跟我压低价格？出具法律意见书需要从哪几个方面来写？所以我就针对这些问题进行了全面的检索，检索到了 2016 年 2 月 5 日出台了关于私募基金管理方面新的规定，检索到了这部分法律业务的难点、重点和风险点，检索到了同行业间基本的报价水平等，因此我将我的检索过程、检索结果和感受结合在一起写了一篇文章。

所以，只要是你好奇的领域，都可以通过检索的方法，把你的心得、体会、过程写出来。

其实除了写文章之外，还可以自己出一本书。

我曾经听过教授大数据的老师分享了他自己两本畅销书的选题经历，深受启发。他说他在准备写书之前，就是在威科等数据库中检索哪一类案由的案件最多，哪一类问题是当事人最迫切想知道的，得出结论后他就朝着这个方向进行构思，最后形成书籍。因为需求的人很多，所以这两本书非常畅销。

所以他的例子给我的启发就是，以前我们自己对什么感兴趣就写什么，而现在，有了大数据检索，你就可以检索到读者想看什么，客户想知道什么，你就去写什么，形成这样的法律产品，才会有实际的商业价值。

因此，通过大数据检索，深挖客户需求，形成法律产品，才会实现商业价值。

二、方法——检索方法

关于法律大数据的检索方法，网络上有很多大咖写的干货文章。例如，曹会杰的"法律检索的方法与技巧"、高杉峻的"民商事案件法律检索标准流程"、张健的"法律检索指引"、古城的"法律检索九步法"、俞庆瑶的"新法律检索九步法"、潘美玉的"大数据报告制作十步法"等。

有人可能会问，这些关于检索方法的文章，有的针对民商事案件、有的针对刑事案、有的针对写大数据报告……那么有没有一种可以通用、步骤不那么烦琐的简单检索方法可以快速上手呢？下面，我总结了"检索方法三步走"，希望对初级检索工作提供一些思路。

第一步，定方向。

当我们接到当事人问到的一个我们从未接触过的咨询，或者拿到一个从来都没有处理过的案件，首先要做的就是定一个大的方向。看看即将要处理的新问题是刑事的？是民事的？还是商事的？是婚姻家庭纠纷？劳动争议纠纷？还是股权纠纷？是公司并购业务？新三板业务？还是做尽职调查？

有了初步的大方向判断之后再进一步解析，看看案件的请求权基础是什么？争议焦点是什么？客户问的表层问题是什么？以及他所提的问题背后涉及的深层痛点是什么？

例如，有一个当事人向我咨询关于遗嘱继承的案件，通过他对于案件的阐述，我发现这个案子虽然证据很简单，只有一份被继承人的自书遗嘱，但是从法理上却涉及了继承法中很多错综复杂的法律理论。在定方向上，我确定了"遗嘱继承""遗赠继承""自书遗嘱""笔迹鉴定"等几个关键点，以便为之后的法律法规检索和案例检索奠定基础。

定方向这一步有可能是在我们首次接触当事人时，根据当事人对案件的阐述和初步介绍，我们自己在头脑里直接快速梳理而得出的大致方向，但这一步作为检索的基础，对于即将要进行的检索过程和检索结果起着至关重要的作用。

第二步，关键词。

（1）关键词＋特征词组合检索。现在很多主流的检索平台，如裁判文书网、威科先行、无讼等都是通过"关键词＋侧边栏"的方式搭建检索网站的页面。当我们输入关键词之后，可以在左边的侧边栏选择案由、地域、年份、审级等特征词。这些特征词和关键词进行组合检索之后，就能大致锁定我们想要收集的案例样本。

（2）短小客观＋反向排除。在法律大数据检索如火如荼的时候，很多律师会陷入"找关键词的黑洞"里面，不知道怎样提取关键词，甚至认为提取关键词是个玄妙的技术活。因为不同关键词的提取和检索方案有可能会对检索的结论造成非常大的影响。

但事实上，随着大数据检索时代的快速发展，关键词的提取已经不是那么难的事情了。有很多检索网站提供了联想和关键词推荐功能，捕捉到你潜意识里想要的却还没挖掘出来的关键词，帮助你定位和提取。

如果我们在研究案情阶段，需要关键词提取的话，最好掌握三个小原则。

一是短小精悍。能提炼为4个字的关键词不要用8个字，能提炼为2个字的关键词，不要用4个字。

二是坚持客观。去除掉主观判断的词，如"违法解除合同"中的"违法"二字就存在主观判断，在检索时尽量去掉。

三是反向排除。有开车经验的人都知道，开车除了会正着开之外，还要学会倒着开。检索也一样，除了正方向提炼关键词，还可以反方向排除在案例中不需要出现的关键词。有时，逆向思维的反向排除也可以帮助我们排除掉数量可观的无关案件样本。

（3）关键词的位置很关键。关键词确定了之后，对于关键词在裁判文书中出现的位置其实对于检索结果而言也至关重要。这个关键词到底是出现在原告陈述的部分？被告陈述的部分？还是本院认为的部分？是出现在诉讼记录中？案件基本情况中？裁判分析过程中？还是裁判结果中？

大多数情况之下，我们需要重点看的往往是"本院认为"的部分，如果我们能够高效、精准的洞察到法官的裁判要旨，将会对检索结果起到积极的作用。

第三步，出结论。

就像前面所阐述的一样，检索完之后不能就万事大吉了，无论是写一篇文章、一篇检索报告、一篇大数据报告、还是用简单的文字回复当事人，都需要将检索的成果形成结论积累下来。

三、工具——检索工具

我曾经无意中看到一个法律检索达人自己总结的常用网页收藏桌面，他把检索的常用网页做了如下分类，分成：司法案例、法律数据库、工商信息、信息披露、法律工具、法律翻译、监督与自律、律所研究、重大资产、法律资讯……每一个类别下把经常使用的网页归纳在一起，并不断迭代。可见，他已经养成了检索习惯，并且在不断优化检索工具。

我相信你和他一样，在你的电脑网页的收藏栏、手机端也会有按照你自己的思路去分类收藏的常用检索工具。真正好用的检索工具是适合你的、真正能帮助你的、不断迭代升级而又智能的检索工具，它至少应该具备以下三个特点。

一是具有"差异化"的特点。俗话说：人无我有、人有我优、人优我精、人精我绝。市面上的法律检索工具那么多，为什么要使用这个工具而不是别的？是哪些独门特点吸引法律人使用呢？

二是具有"智能化"的特点。在大数据应用的领域，没有点人工智能理念根本站不住脚，无法立于不败之地。智能化是说，如果检索工具能从法律人使用检索的习惯和需求出发，不断迭代升级那将是极好的。

三是适合自己的。"没有最好的，只有最适合的。"检索工具只要你自己使用方便、用着顺手，并且能通过它解决实际问题、提升效率便是真正好的检索工具。

有一句话叫做少即是多。与其在这里介绍所谓"全面的"检索工具，即使我列举多少恐怕也无法穷尽，倒不如向你介绍我自己亲测的常用案例检索工具——元典智库。

我个人认为，元典智库至少在以下10个方面可以帮助青年律师在执业初期提升检索效率，得出相对理想的检索结果，是律师执业发展过程中不可缺少的检索工具之一。

1. "要素"引导式检索

之前我对于大数据检索仅仅局限于要通过精准的关键词并结合侧边栏的特征词来检索，而当我尝试使用元典智库时，我发现它除了关联传统的关键词和特征词之外，还能智能地联想到"要素"。

例如，在刑事库当中，输入"盗窃"，在检索栏内的"要素"就会有"一般盗窃行为""入户盗窃""多次盗窃""盗窃数额""盗窃罪共犯"等选项出现。而在引导项中也会联想为"盗窃罪的特殊行为""盗窃罪的行为对象""盗窃罪的从重处罚情节"等。

要素引导式检索的智能化联想，大大帮助了我找到"只可意会不可言传"的关键词和想要挖掘的参考案件。

2. 精细化"组合检索"

组合检索，虽然类似于其它检索平台的高级检索模式，但是元典智库的精细化组合检索既提供了高级检索的方法，同时又智能地使检索结果更加凸显，体现精细化和精准性。

通过元典智库平台，可以组合检索。可以把诉讼阶段、文书种类、文书分段单选或多选地组合在一起。特别是对于文书分段，可以将当事人、诉讼记录、原审诉称、被告辩称、审理查明、裁判分析过程、裁判结果、文尾进行关键词高度精准的定位。同时也可以把不包含的内容在检索的结果中排除，缩小检索范围，使检索结果更加精细，离我们想要检索的心理预期更进一步。

3. 案件对比

虽然我没有问过元典智库的工作人员，但是"案件对比"

这个特色我猜测是借鉴了类似于京东等购物网站，将不同品牌、不同价格的类似产品进行横向比较的思路。

就像向消费者销售实物产品那样，元典智库可以根据我们的喜好，把具体的案例（目前最多 4 个案例）放在一起，从事实、证据、法条、观点和结果几个方面做横向的对比。"哪里有区别看哪里"，精准清晰一目了然。通过案件对比可以迅速发现相似案件的差别。

4. 案件进程时间轴

"案件进程时间轴"的小功能将每一个法律程序的时间节点单独提取，既可视化，也使我们对案件进程尽在掌握。

除了民商事案件和行政案件可以看到一审、二审、再审的时间节点之外，对于刑事案件还显现了公诉的时间节点，这对于专门做刑事案件的律师而言，更具有参考意义。

在元典智库每一个案件项下的"本案进程"时间轴里你还会发现，有的显示的是蓝色圆点，有的显示的是灰色圆点，这个设计也体现了元典智库的智能化特点。

蓝色的圆点表示——该阶段有法律文书，而灰色的圆点表示——该阶段没有法律文书。把鼠标光标放在蓝色圆点上时，还会神奇地浮现出这个阶段判决书的案号，而直接点击蓝色圆点就可以链接到案例详情页对应的法律文书。

5. 刑、行、民商分库，专业分类检索

打开元典智库的网页平台，页面的右上角显示了刑事、民商事和行政三个检索库，这是很多检索平台将所有的案件杂糅在一起所不具备的特点。即将刑事案件、民商事案件、以及行政案件分别放入不同的数据库中，对于从事不同领域的律师在检索自己所专门从事的专业领域案件时，可以更加精准细致地从专业的数据库中找到检索所需的内容。

元典智库把刑事案件、民商事案件和行政案件做分库处理，对于走专业化道路的律师及律师事务所来说提供了有力的支持。

6. 法条检索收藏排名

对于每一个具体案件，在案件详情当中都会涉及具体的法律法规条款。每一条所引用的法律法规，都会设置超链接。点击超链接就会看到发布该法条的单位、有效性、实施日期等，也可以显示法条的内容。

每个案件的末尾都会附有本案的裁判理由，裁判理由中所引用的法律条文可以一键收藏。设置收藏的主题之后，会为未来制作检索报告奠定基础。对所引用的法条在复选框中进行勾选，还可以检索引用了同一法条的其他案件。

元典智库有一个"法条统计排名"的功能非常有意思。在检索结果页面的右上角有一个"引用法条分析排名"，这个排名会在检索了相应关键词之后，对推荐的相似案例所引用的法律法规进行聚合性的排名统计。而且这个排名会按照法律法规的效力位阶排列，如果选中复选框，还可以对某一法条进行收藏。

所以这个功能对于律师检索工作而言，可以从案例检索到引用的法条，也可以从法条检索到引用同一法条的案例，使案例检索和法条检索双线性同步完成。

7. 裁判结果标签化

在检索案件主页面的右上角可以查看裁判结果，且该结果以标签的形式展示。某个案件是经过了一审？二审？还是再审？最终的裁判结果是判决？还是裁定？都能够在右侧的标签中直接显现，而不必再一一打开每一个案件拉到最下面逐一查看。

8. 案情摘要时间线可一键导出

以前在做复杂案件大数据检索和制作大数据报告时，有一项很繁重的工作就是要梳理整个案件中每一个时间节点所发生的事件，也就是案件的大事记。

而元典智库中隐藏着一个非常好用的功能，就是"案件基本情况时间线"，如果有需要，还可以支持 Excel 表一键导出。

在具体案件的总目录中，可以直达"案件基本情况"，在"案件基本情况"旁边会出现"时间线"的可点击按钮。点击"时间线"，既可以把案件背景的每个时间节点显现出来，还可以点击导出成为 Excel 表格，而这个 Excel 表格也帮我们完成了律师助理的基础工作。

9. 导出检索报告

如果我们把收藏的案例以及收藏的法条命名为某一个特定主题的话，可以在"我的智库"的"检索报告"选项中查看。检索报告包括了法条和具体案件。如果有需要的话，还可以导出检索报告形成一个打包文件。打开之后是一个 Word 文档，这种智能化极具亲和性的设计理念，使我们减少了很多检索的初级工作。

10. 裁判观点基础数据可视化

在"裁判观点"一栏中，输入所要检索的法院或法官（当然也支持组合要素检索），就可以检索出某法院法官基础信息的可视化数据和关联图谱。虽然截止到 2017 年 10 月底，很多高级检索功能还没有对外开放，但基于元典智库强大的大数据优势而生成的可视化展示也特别令人期待。

Chapter 4

律师须擅思——

思维

一、结构化思维

律师经常给人逻辑清晰、思维缜密的印象，而事实上律师也的确本该如此。无论是用法律思维思考问题，还是文书写作、口头表达，都需要有逻辑、有体系、有结构。

那么问题来了，什么是逻辑体系结构？有没有逻辑体系结构如何评判？怎样使自己的思考方式、书面写作和口头表达有逻辑体系结构？如果律师通过不断的刻意练习提升"结构化思维"的话，上述的一切问题便可以迎刃而解。

（一）"结构化思维"是什么

"结构化"是麦肯锡提出的，而"道生一、一生二、二生三、三生万物"的结构和规律在文书写作和律师演讲的场景中都被广泛应用。

我第一次听到"结构化思维"这个词是在《超级个体》的一期节目里，之后从《结构思考力》这本书中领悟到：原来"结构化思维"在律师职业中应用起来也大有裨益。律师在学习诸如文书写作、演讲等技术技能之前，如果能掌握"结构化思维"，那么则一通百通。

《结构思考力》这本书为我构建"结构化思维"提供了理论基础，所谓"结构化思维"即用"先总后分"的方式，先结论后原因、先重要后次要、先总结后细节，用分段分点的形式加以思考和有效表达。

（二）"结构化思考力"助力律师职场

结构化思考力是律师的基本功，也是律师开展所有工作的基础。无论是诉讼律师还是非诉律师，都需要想明白、写明白、说明白，为客户分析问题、提出多套解决方案，并用文字、图表、语言有效的可视化呈现。所以，律师若想思路清晰表达有力，用结构化思考就对了。

当然，律师团队如果每个人都拥有结构化思考力这项技能，将大大节省团队成员沟通成本、提升团队工作效率。试想一下，团队中的每个人的所思、所写、所说都能在同一个频道上，甚至不需要说话，一个眼神就够了，那时所达到的最高境界就是——你懂我。

（三）练习提升"结构化思考力"

1. 用"结构化思维"思考问题

所谓用结构化思维思考问题，即要习惯于用多维度立体化的思维想问题。因为，有时我们可能就一个问题纵向深度思考，钻研得很深；而有时，虽然能从横向快速找到解决问题的方向，但哪个方向似乎都了解得浮于表面。

所以，结构化思维就是要将二者结合在一起，先从横向找方向，再从纵向深入分析。在我们思考问题的时候，惯性的用立体化、多角度思考会有助于我们在厘清思路的同时，将复杂问题简单化。

2. 用"结构化思维"书写文书

不管是诉讼文书，还是策略分析报告，你会发现，如果都按照"结构化思维"写作的话，会更容易让法官、客户从文书中看到价值。现在，我除了用结构化思维写法律文书，就连微信、邮件也运用"结构化思维"来写，大大提升了沟通效率，以近期和朋友交流的微信为例。

我：有三件事情，我需要和你沟通一下，听听你的意见。（1）……（最重要的事）；（2）……（次重要的事）；（3）……（相对不那么重要的事）。请尽快回复我，谢谢。（此为总－分－总，在"分"中依重要程度的不同分层列点说明）

他：（1）OK；（2）请去找某某协调；（3）welldone，加油！

以近期写的一封邮件正文为例。

您好，我需要得到贵司在某某方面的认证文件，谢谢。

（1）……（原因一）；（2）……（原因二）；（3）……（原因三）。

附件中是我制作的认证证明模板，请贵司在此基础上修改或增减，并尽快出具认证材料，再次表示感谢。

3. 用"结构化思维"口头表达

无论是和法官沟通还是和客户交流，良好的口头表达能力都是律师的刚性需要。而具有"结构化思维"式的口头表达，不仅能让客户懂你、让法官赞你、还能让自己有些许的成就感。"张嘴有结构、闭嘴有逻辑。"只有不断地刻意练习，口头表达能力才会越练越有逻辑。

从现在起，无论你想什么、写什么、说什么，请刻意使用

"结构化思维"的方法。我保证，通过这样的刻意练习，你就会变成想、写、说最有逻辑的律界达人。

（四）律师如何运用"结构化思维"五步法

"结构化思维"构建的步骤一般分为五步。分别包括：第一步，明确理念打基础；第二步，基于目标定主题；第三步，纵向结构分层次；第四步，横向结构选顺序；第五步，形象表达做演示。

1. 第一步，明确理念打基础

在《结构化思维》这本书当中，把明确理念打基础分成"四个基本特点"和"接收信息的三步走"。

所谓"四个基本特点"，借鉴的是金字塔原理当中的"论证类比"。即："结论先行""以上统下""归类分组""逻辑递进"。

"接收信息的三步走"，即识别信息中的事实理由和结论；找到事实与观点的对应关系，画出结构图；一句话概括所有内容。

明确理念打基础的"四个基本特点"和"接收信息的三步走"，是完全可以借鉴到律师的工作场景当中的。

例如，青年律师在和当事人沟通时，通过识别案件的事实和理由，找出相应的对应关系，画出可视化的图表，最后再在此基础上为当事人从理论层面、法律层面、事实层面分析案情的未来走向。

再例如，和法官交流的时，可以结论先行，列出重要的事实依据和法律依据，通过层层递进的逻辑结构，向法官陈述我方当事人的观点和立场。

看，有了结构化思维，是不是思路就更清晰了呢？

2. 第二步，基于目标定主题

所谓"目标"就是要通过这一次表达（既包括语言表达，当然也包括书面表达）之后，希望对方有哪些行为？如律师在和客户介绍法律服务产品时，目标就是要让潜在客户听完介绍之后愿意和我达成合作，购买法律服务产品和法律服务。如我需要向客户阐述 N 种法律服务方案，在不同的法律服务方案中，我更加倾向于让他选择哪一套方案？他选择的哪一套法律服务方案对他是更有利的？当目标定下来之后，我们就要基于这样的目标来确定一个主题。

之前我在讲演讲的技巧时，借鉴了销售领域的"SCQA"模型，即情景、冲突、提问、回答。其实这个模型也完全可以用在结构化思维"基于目标定主题"的部分中，S 指情景，即案件的案情背景；C 指冲突，即案件的争议焦点、需要解决的事实问题和法律问题；Q 指问题，即如何通过法律逻辑解释；A 指回答，即律师的意见或解决方案。正是通过情景、冲突、疑问和回答，让律师面对不同的目标客户时都能自如地表达自己的观点。

3. 第三步，纵向结构分层次

所谓纵向结构分层次指的是，通过"自上而下不断提问回答中分解和自下而上概括总结中提炼"的方式，搭建层次分明的总体框架。这种以对方需求为出发点的思维模式和律师为当事人提供法律服务有异曲同工之妙。

自上而下不断提问回答是一种想象对话的技术。可以采取自问自答，也可以从客户需求的痛点出发，针对每一个疑问，作出相应的分解回答。这样的思维模式跟平时正好相反，平时我们更习惯于告诉对方我有什么，而这种方式是站在对方的角度，看客户更关心什么，他关心的问题，我能够通过什么样的路径去解决。不断地设想问题，然后回答问题。直到把所有的答案都解答了，就完成了一次金字塔结构的搭建，使纵向结构层次分明。

4. 第四步，横向结构选顺序

无论是语言表达还是文字表达，最怕的就是观点混乱、结构不清，得出的结论没有逻辑而不具有说服力。我们向当事人阐述的不同法律服务方案、向法官阐述的不同论证观点，其实都有主次轻重之分。所以哪个先说哪个后说，就显得尤为重要。

在横向结构中包含演绎论证和归纳论证两个子结构，这就和我们大学时上的逻辑课是相通的。

演绎论证是指，从普遍性的理论出发，去认识个别的、特殊的现象；归纳论证是指，从许多个别的事物中概括出一般性的概念、原则或结论的推理方法。

当你觉得某一个观点对方不容易接受时，可以采取演绎论证的方式解构；当对方关注解决方案时，可以用归纳论证的方式解决。

所以作为律师，我们在思考问题、说话、写文章之前，要先深入地了解对方的心态和想要达到的目的，最终运筹帷幄地作出决策。

5. 第五步，形象表达做演示

结构化思维是形象化的表达，所以除了语言和文字之外，用数据、图表等结构化的方式设计，并且形象化的演示，最终立体、完美地呈现在对方的面前。

我之所以极力提倡律师也应该有结构化思维，原因之一是结构化思考中的形象表达做演示和律师为客户可视化的呈现法律服务是具有相同理念的。我们经常说律师是为当事人提供软服务，也就是说我们的服务也许不像销售员卖看得见摸得着的实物产品那样，对于当事人来说法律服务看不见摸不着，好似一种虚幻的感受，但是如果我们把法律服务的方案形成大数据分析报告、策略分析报告、可视化的图表、模拟法庭等法律服务产品，就可以让客户感知到法律服务的真实存在，身临其境地感受到实实在在的法律服务。

所以，当我们通过结构化思维思考问题、有逻辑地语言表达、通过文字简明扼要地阐述即以形象化的表达方式呈现出来后，就会更容易地让客户对我们记忆深刻，以此体现出律师服务的差异化。

二、批判性思维

众所周知，批判性思维是律师执业的必备技能之一。那么，什么是批判性思维？批判性思维有哪些类型和内容？律师为什么要修炼批判性思维？如何进行批判性思维？接下来，我们来探讨批判性思维对律师工作产生的影响。

（一）什么是批判性思维

所谓的"批判性思维"，说的是对一个事物进行分析、判断和评价的能力，也就是看一个人能不能独立思考。

1998 年，联合国教科文组织把"培养批判性和独立态度"视为高等教育、培训和从事研究的使命之一。美国教育委员会说：大学本科教育的最重要的目的，就是培养学生的批判性思维能力，也就是"熟练地和公正地评价证据的质量，检测错误、虚假、篡改、伪装和偏见的能力"。

批判性思维不是让我们去挑别人的错，而是让我们独立思考，了解自己的观点和信念。如果说把"批判性思维"的英文"critical thinking"翻译成"明辨式思维"，会更容易理解。批判性思维和批判是两码事，批判性思维需要用理性和逻辑，去评估和判断事物的正反两面。而理性和逻辑，正是青年律师必须具备的思维理念。

很多青年律师，在职业初期接待当事人时，经常会陷入一个误区——即当事人提供了什么材料，我就深信不疑，当事人说的每一个情节，我就会直接视同为案件事实，盲目相信当事人所说的所提供的，而没有理性地去深究这背后的逻辑。

律师在和当事人沟通交流时，需要用一种批判性思维审慎地思考：当事人所陈述的事实，能否用他现在所提供的证据来证明？真实的事实和法律的事实是否是吻合的？现有证据能否达到同类型案件的审判结果？

我们需要用批判性思维对所接受到的信息和思考的过程进行检验。检验它们是否有漏洞和缺陷，以及是否有偏见。

批判性思维的对象——接收的信息；思考的过程。

批判性思维的内容——是否有漏洞？是否有偏见？

所以说批判性思维就是去评估判断我们看到的、听到的、接收到的信息以及自己的思考过程，通过即时复盘看看是否有不合逻辑的地方，有没有偏见。

（二）批判性思维的类型

尼尔·布朗在《学会提问》一书写道："批判性思维既可以用来捍卫自己的观点，也可以评价和修正自己的观点"。基于此，他将批判性思维分为两种类型：强势批判性思维和弱势批判性思维。

强势批判性思维：利用批判性思维来评估所有断言和看法，尤其是自己的看法，以保证自己不会变得自欺欺人和人云亦云，并将其归于思想开放的一种状态。

弱势批判性思维：利用批判性思维来捍卫自己现有的立场和看法，其目的是抵制和驳倒那些与你意见不同并认为弱势批判性思维是一种消极的方式的观点和论述。因为它们意味着批判性思维对是否接近真理漠不关心。

从律师的角度来看，批判性思维更像是一项工具或者技能。因为律师作为案件的代理人或辩护人，肯定会存在鲜明的立场，并且必须维护这个立场。批判性思维可以帮助我们发现自身观点的漏洞和缺陷，便于我们查漏补缺，甚至找到对方观点的漏洞，通过批判对立观点来维护自身观点。

尤其是，在我们尚未掌握案件的全部信息并进行批判性的分析之前，不应封闭思想或固执己见。我们需要坚持自己的观点，但这个观点应该是我们经过批判性思维论证出来的。

（三）为什么要修炼批判性思维

这里我给大家举两个例子来说明问题。

1. 逻辑谬误普遍存在

有这样一个测试，需要你在十秒钟之内回答。你认为以下哪种情景有更大的可能性会导致意外死亡？

A. 坐小轿车，三个小时；

B. 走路步行，三个小时；

C. 乘坐飞机，三个小时；

D. 骑自行车，三个小时。

（请先在心里想一想你自己的答案）

经过数据统计，大多数人选择了 A（坐小轿车），其次是 C 和 D（坐飞机和骑自行车的票数差不多），得票最少的是 B（走路）。

但事实情况却是：死亡率从高到低为：骑自行车 > 走路步行 > 坐小轿车 > 乘坐飞机。而且它们之间的差距，并不是一点点，而是成倍的关系。

为什么事实和我们的习惯认知不同，因为这里面存在逻辑谬误。所以，我想说明的第一个问题是："你认为的并不一定就是你认为的"。

2. 认知偏差

我们再来做一个游戏——双色球的走势图。在过去的 38 期双色球彩票中，假设 9 这个数字一直没有出现过，而 8 这个数字居然出现了 11 次，如果给你两块钱去买彩票，那下一期你认为哪一个数字出现的可能性会最大呢？

A. 8 号球，因为过去出现的频次很高，以后还会出现的可能性也会更高；

B. 9 号球，因为一直没有出现过，所以下次出现的可能性更高；

C. 看情况，得分析走势图；

D. 无所谓。

这个例子，我们可以换成买股票、抛硬币、赌博等和概率相关的随机事件。仔细想想你就会明白，这种概率类的案例，无论之前的规律能高达百分之多少，再一次验证的时候它得出结论的概率都是 50%，不会因为之前的结果而有所改变。

通过这个例子，我们可以发现，在没有任何规律可循的随机事件中去寻找规律，就是一种认知偏差，而根据这种所谓的规律去做的决策也是不理性的。所以，我想说明的第二个问题是"规律未必符合逻辑"，过去的结果能否影响未来需要理性判断。

当我们在大数据爆炸的时代，通过数据检索而得出的结论是需要去验证的，大数据的数据标本数量是否达到了一定量？通过各种途径、经验所得出的结论能否对自己所研究的案件起到指导和借鉴的作用？在智能时代利用好大数据的优势固然好，但也不能完全依赖于数据的结论。因此，批判性的理性思考就变得尤为重要。

（四）批判性思维的内容

理查德·保罗在《批判性思维工具》里说："批判性思维是建立在良好判断的基础上，使用恰当的评估标准对事物的真实价值进行判断和思考。"

批判性思维的内容主要涵盖以下几个方面：有一套相互关联、环环相扣的关键问题意识；恰如其分地提出和回答关键问题的能力；积极主动地利用关键问题的强烈愿望。

批判性思维常用的质疑方式如下：

"让我们来思考一下，这里最基本的问题什么？我应该用哪几种观点思考这一问题？这样假定对我来说有没有意义？我能从这些数据中作出哪些合理的推论？这些最基本的概念是什么？这些信息与那些信息一致吗？什么原因使问题变得复杂？我怎么才能检验这些数据的准确性呢？如果这些都符合，还有什么其他的含义吗？这是一个可靠的信息来源吗？"

关于批判性思维的内涵，我们还可以通过类比的方式加深理解，即海绵式思维和淘金式思维。

所谓海绵式思维，是指类似于像海绵吸收水分一样尽可能多地吸收外部信息。但它有个致命缺点：就是不对各种信息作出筛选。这类读者逐字逐句细读材料，做笔记，加深记忆和理解，却不对其进行评价，如果长期依赖这种思维方式，造成的后果就是会对自己读到的一切深信不疑。

而淘金式思维，就是指带着问题去读信息，它需要积极主动地参与，在阅读的过程中，需要不断质疑并作出取舍，这种思维方式无时无刻不在批判性地评价所读的材料，并在客观评价的基础上得出自己的结论。

因此，批判性思维的关键就是批判性提问，这是检索信息和搜寻答案的最好方法。例如，在律师工作的过程中常常需要对各种信息进行检索，虽然检索的前期工作也可能是海绵式的进行全面的信息获取，不放过任何一个角落。但是要获得有参考价值的信息，除了通过可靠的检索渠道以外，还要结合自己的问题评价和辨别所检索到的信息，不断进行筛选，才能找出最佳答案。

学习批判性思维的根本目的就是通过积极地使用批判性思维中的分析和评估工具，提高自己的法律思维质量。

（五）建立批判性思维的步骤

简单来讲，运用批判性思维主要分成以下三个步骤：首先，要明确论题和结论，找出理由、假设和证据；其次，对理由是否足够、假设是否成立、证据的效力如何等作出判断；最后，判断推理过程中是否存在谬误、有没有替代原因、有没有重要信息被忽略等。按照上述步骤逐一进行分析后，才能得出可靠的结论。

在律师实务中，很少有问题可以简简单单地用"是"或"否"来回答，更多的是一种逻辑严谨的思考方式。例如，我们在进行法律推理时，常见的是三段论，即大前提－小前提－结论，但从批判性思维的角度出发，就有所不同。

由于具体的案件事实与法律规范的适用之间还存在着相对应的问题：一方面，法律上的案件事实是通过证据来还原的，并不存在绝对客观的事实，只有依照法律要求用证据支撑的事实；另一方面，案件事实的外延并非能够完全落入到法律规范涵摄的范围内，即其外延不一定窄于或等于法律规范，也有可能宽于法律规范或两者存在交叉部分。

因此，我们在认识到自己有似是而非的倾向时，要问自己：是不是因为我希望它是真的，还是有确凿证据证明它是真的。而且更重要的是，要将案件事实和法律规范中的构成要件逐一进行对比和审查，并在论证过程中找出价值观假设（价值观假设：在特定情形下没有明说出的对于一种价值观超过另一种价值观的倾向）和描述性假设（描述性假设：没有说出来的关于世界过去、现在和将来是怎么样的一种看法），将假设成立的推理揭示出来，进一步说明为什么得出这个结论，这样才能提高论证分析的准确性和说服力。

最后，我建议在学习批判性思维时，要将理论和实践相结合。初入律界，尤其是在写代理意见时，我便意识到批判性思维在工作中的重要性。在对几本批判性思维的书进行了阅读后，又将此思维方式实践到工作中，如与当事人沟通案情、谈判、写作，甚至法庭上的辩论，学习效果可谓显著。

实际上，批判性思维就像是树干，而法律分析、法庭辩论的能力则更像是长出的枝叶，只要在进行法律分析时能利用好批判性思维，那么你的职业技能将不断提升。

三、经济学思维

（一）律师为什么需要培养经济学思维

有一句流传很广的话："像经济学家一样思考。"现实生活中，我们每一个行为、决策，实际上都与经济学理论息息相关。有人说，律师就是一个商人，你需要考虑成本、收益、效率、利益最大化等看似平常却实则与经济学相关的问题。对于青年律师而言，掌握经济学的思维方式，并与法律专业结合起来，将会在工作、生活中产生巨大的便利。

最近我看到的一本书《写给企业家的经济学》给了我很大启发。书中讲到，经济学分为两大部分，一部分是理论经济学，另一部分是应用经济学。

理论经济学中研究的是经济中的一般规律，如微观经济学、宏观经济学、国际经济学，再细分的话，有信息经济学、产权经济学、行为经济学等。而应用经济学是用理论经济学来研究和解决现实问题，如环境经济学、婚姻家庭中的经济学等。

书中把经济学和其他学科领域的结合戏称为"经济学入侵"，而我个人认为，其他领域是需要注入经济学思维的，与经济学的跨界融合是未来的大趋势。

虽然这本书叫作《写给企业家的经济学》，但如果说你作为一个律师还在"单打独斗"，也可以把自己放在一个企业家的高度用企业家的视角去看待问题；如果说你已经带领了一个小团队，也可以把团队视为一个小企业去经营。"一个企业家有没有经济学的修养是大大不同的。"经济学思维的作用，不在于提供直接的正确答案，而在于提供一种思路，提高律师的综合素养。

在得到 App 里，我购买了薛兆丰老师的《北大经济学课》。薛兆丰老师在《发刊词》中说到"一个人在他自己的专业领域可以非常成功，但要理解现代社会的运行机制，还需要学习另外一种智慧。"

这门课程中列举的很多经济学的原理颠覆了我一贯的认知。我忽然觉得，律师除了日常专注于自己的专业领域之外，也需要注入一点经济学思维的元素，才能加速律师职业生涯的成长和成功。

（二）律师至少应当具备的五个经济学思维

1. 沉没成本

你有没有过这样的经历：花钱买了电影票，观看了 20 分钟后发现，自己根本不喜欢看这部电影。但是，宁愿死撑到最后一秒也不愿意提前离开，总觉得"我花了那么多钱买电影票，不看完太可惜了。"

这就是经济学中"沉没成本"的思维。人们往往会陷入"沉没成本"的误区，前期投入的时间成本、精力成本、金钱成本越大，越不舍得放弃。

这种不愿意放弃"沉没成本"的心态，是一种有趣而顽固的非理性心理。当人们在决定做一件事情时，往往不仅会看这件事情未来有什么好处，还会看自己在这件事情上有过哪些投入。

正因为"沉没成本"的顽固性，我们可以"有目的"地制造当事人的"沉没成本"，让当事人觉得"我打车到律师事务所来咨询、我花费了更多的时间和律师沟通了、我把所有资料都复印提供给律师……不聘请他真的是亏大了。"

所以你看，经济学中这种"沉没成本"的心理，在商业的世界里会给我们律师带来很多机会，你完全可以利用经济学思维的惯性，触达当事人的内心深处，从而达到你想要的目标。

2. 技术效率与经济效率

最近一段时间，人工智能替代律师助理的话题早已不是什么新鲜话题。很多智能的检索网站、效率工具也确实为律师的工作打开了前所未有的视野，提供了便利，提升了效率。

那么，技术效率提升了，经济效率也一定能提升吗？怎样通过技术效率的提升提高经济效率呢？这二者有冲突吗？怎样更好地利用技术效率的提升使得律师的价值体现到最大化，从而达到利益的最大化呢？其实这其中，也蕴含着经济学思维的理念。

《律所再造：律所革命的宣言书》一书的作者潘言博先生曾经在天津市律师协会做过一次精彩的演讲，他说法律是商业，需要一直考虑现金流、利润率和成本。

而智能化的工具和检索平台能大大节省律师的宝贵时间，使律师从繁杂重复的案头工作中解放出来，去挖掘收益更多的案源。如此，技术效率提高了，经济效率也能达到最大化了。

3. 制造需求

每年"双11"，淘宝天猫都会收获上千亿的销售额，想想十年前，"双11"还仅仅是一个"光棍节"，和网购没什么关系。而淘宝硬是在几年后制造了"双11"的爆点，创造了"双11全球狂欢节"。

有一本关于营销的书——《冲突》中说道：三流营销发现冲突、二流营销解决冲突、一流营销制造冲突。可见，"双11"的成功正是制造了冲突，引导消费者疯狂去购物。

对于律师来说，客户的法律需求不仅仅需要被满足、被挖掘，还需要被制造。为客户创造一个法律需求的认知，比他们自己发现自己有法律需求更重要。

有一家律师事务所为一家国企的研究所制造的法律服务项目之一就是帮助他们申请并完成法律调研课题，最终一起形成课题研究报告。这本是他们的科研需求，而这其中由于需要些许的法律数据而咨询了律师事务所，所以律师事务所就单独为他们制造了这项法律服务，并单独按项目收费。

4. 定价策略

如果你是一个诉讼律师，你向当事人所报的单个案件的收费是多少？每个小时的咨询费用是多少？你有没有花心思去研究定价的策略呢？你也许会说："我们地区的律师协会或者物价局对于律师收费有指导价格，这种事不用律师操心。"但是也许你不知道的是，其实经济学中的定价策略，在律师服务中意义非凡，因为它可能会是你最终拿下案源的关键性因素。

如果你有法律服务招投标的经验，你就会发现：在招投标中很重要的一个方面就是报价。在甲方既定的法律服务预算中，你所报价格的高低，决定了你最终能够得多少分、排名第几、能否入选。

前几天我听到一位老师讲到他自己的一个经历，他说他的团队在招投标时，别的律师事务所报价 20 万，而他们的报价是 19.99 万。正是这 100 元的报价差距使他比报价 20 万的团队高出很多分数，而最终入选。

我在听到他提到的这个案例时觉得，招投标资料中的律师事务所介绍、律师团队简介、办理的成功案例罗列当然重要，但影响入围的关键性因素还是定价策略。定价不仅仅是一门科学，更是一门艺术。

5. 复利效应

不知道复利效应算不算地道的经济学，但我第一次在成甲的《好好学习》这本书中读到"复利效应"的底层规律时，我被那计算公式的一连串数字震撼了。

这个公式缘于国际象棋的发明人在棋盘上放麦粒的故事，公式的计算要求虽然很简单——"整张棋盘，第一个格放 1 粒麦子，第二个格放 2 粒麦子，第三个格放 4 粒麦子，以后每一个小格都比前一个小格加一倍"，但是最终的结果很惊人——需要 1844 亿亿粒麦子。

计算公式为：$1 + 2 + 4 + 8 + \cdots + 2^{63} = 2^{64} - 1 \approx 1844$ 亿亿

爱因斯坦称复利是"第八大奇迹"，你可以把它简单地运用在银行存利息、利滚利的简单生活场景中，当然也可以把"复利"的原理运用在律师的工作场景里。

例如，网络营销现在对于律师来说已经不是什么新鲜事，为什么有的律师做网络营销做的比别人好？他的微信公众号的粉丝量比别人多？他的网站访问量比别人高？很大原因就是他潜移默化地运用了复利的效应，从小做起，一点点积累。用成甲对复利本质解读来说就是："做事情 A，会导致结果 B，而结果 B 又会加强 A，不断循环。"

幂律分布、二八原则、长尾效应、吸引力法则……都和"复利效应"相关。这也就是为什么我一直崇尚的价值观——"每天很小很小的坚持，在未来一定能获得很大很大的改变"的底层规律。

做律师如此，做任何事亦然。

Chapter 5

律师须高效——

效率

很多人说，律师没有上班和下班之分，因为一直在工作。可见，这是大多数律师的工作写照。既然随时随地工作是常态，那么时间管理和提升工作效率对于青年律师来说就尤为必要。

一、方法——时间管理的方法

从我开始尝试做线上分享时，我选择的第一个主题就是《法律人如何进行时间管理和效率提升》。这个主题一推出，就有同行立刻问我，是否学习过时间管理，是否有资格分享？

对于时间管理和效率提升，我完全属于自学成才。时下在市面上有很多关于时间管理和效率提升的书以及相关的微讲座，同时也有很多通用理论被总结出来。图书方面我看过《每天多出一小时》《时间管理高效率人士的成功利器》《小强升职记》等。在微讲座方面，我听过秋叶大叔、易仁永澄的微讲座，以及最高法院何帆法官在知乎上的分享等。在通用理论方面我了解过"GDP 理论""番茄工作法""每天吃掉那只青蛙""用效率手册进行时间管理"等。

所以在不同的领域，每个人对于时间管理和效率提升都会有自己的心得和方法。下面我想从自己的实践出发，从以下三个方面谈谈法律人如何做时间管理，如何运用工具提升效率。

（一）法律人如何治疗拖延症

作为法律人，似乎每时每刻都在工作。但是法律人也毕竟是人，有时有些小拖延在所难免。那么我们该如何治疗拖延，如何在日常中挖掘和利用碎片化时间，如何从一名拖延症患者华丽丽地变为"麻利小超人"？

可能你会发现，一天中我们有太多的时间被不必要的事情所占据了。例如，反复地打开微信、刷朋友圈、刷微博，所以时间就在不知不觉当中被各种各样的琐事撕成了碎片。

另外，比时间碎片化更糟糕的是，可能我们都会或多或少的有些拖延症状。如工作的任务就在那里，我自己明知道是要完成的，但就是不想干，总觉得还有时间，没到最后一刻根本就不会着急，每天刷朋友圈、刷微博、翻网页、逛淘宝的时间在不知不觉中溜走，能够为工作留下的时间所剩不多，最后总是草草交差恶性循环，最终的效果就是很难令自己和他人满意，这就是拖延症患者的现状。

时间对于我们每一个人来说都是最公平的。每个人每天都有 24 小时，但是时间的利用呢，不仅影响一个人，甚至是决定了人和人之间的差别。我记得有一本书中曾经有这样一句话："成功的人总是在别人荒废的时间里崭露头角"。所以从今天开始，当你读完这一部分之后，希望你不要再当拖延症患者了，要立刻变身成为一个"麻利小超人"。

下面，就跟着我来一起挖掘一下自己的碎片化时间，并且充分地规划和利用好它。既然要下决心从拖延症患者变身为

"麻利小超人"，我们首先来剖析一下"麻利小超人"骨子里的 DNA 到底是什么？

首先，D 指的是 deadline。每项工作都有截止时间，拖延症患者习惯到 deadline 才开始干，而"麻利小超人"会以 deadline 为时间终点来依次倒推阶段性工作的时间结点，把所有的工作任务分解成为具体可操作的小步骤，这样的话还没有到 deadline 我们就将工作轻轻松松不知不觉地搞定了。

其次，N 指的是 now。拖延症患者有类似这样的口头禅，等我有了时间、等我有了钱、等我有了精力、等我有了……而"麻利小超人"经常会说的是现在立刻马上就去办，如果你有一个好的想法，不要等，要现在立刻马上去做。

最后，A 指的是 action，光说不练那是嘴把式，行动起来才能够使工作向前推进。习近平总书记也曾说过"空谈误国、实干兴邦"，所以拖延症的良药就是脚踏实地地行动起来。

"麻利小超人"的 DNA 就是以 deadline 为时间终点倒推时间节点，现在行动起来吧，如果你得了拖延症不要紧，复制"麻利小超人"的 DNA 后你就"嗖"的一下变身了。

其实，在治疗拖延症的方面还有很多小妙招，如我们可以把刷朋友圈和完成工作的顺序交换一下。以前我们经常是先刷朋友圈再工作，现在我们可以尝试一下把刷朋友圈当成是一种奖励，先完成工作以后才允许自己刷一两分钟的朋友圈以示鼓励，这样越早完成工作就能越早刷朋友圈。我猜如果这样的话，我们不仅不会拖延了，没准还能提前完成呢。

复制了"麻利小超人"的 DNA 之后，我们就要按照"麻利小超人"的办事风格来做事啦，"麻利小超人"最擅长的就是碎片化时间的管理。爱迪生曾经说过，人生太短，要干的事儿太多，我要争分夺秒。现如今我们大把的时间在碎片化时代里被碎片化了，所以如何争分夺秒地挖掘和利用碎片化时间是我们法律人必须要思考，并且审视和解决的问题。

（二）碎片化时间的挖掘

对于碎片化时间的挖掘，"麻利小超人"总是会做三件事。第一件事，"麻利小超人"会统计一下在碎片化时间里我们都能干些什么。一分钟能干什么，三分钟呢？五分钟呢？十分钟又能干什么？

对于碎片化时间我们可以自己统计一下，在我们如果有碎片化时间的情形之下给我们一分钟，我们法律人能够干什么，给我们十分钟，又能够干什么。

第二件事情，"麻利小超人"经常会盘算一下，碎片化时间到底散落在哪里。这些碎片化时间看起来不值钱，但是却如同珍珠一般散落在没有引起我们注意的地方，如我们在上下班等公车等地铁等飞机的时候，在上下班的路上，或者在开庭之前，在开庭的路上，这些时间都是属于碎片化的时间。

"麻利小超人"会把这些散落的珍珠串联在一起然后去进行大数据的统计分析，你就会感慨不统计不知道，一统计还真是吓一跳，原来我们每天的碎片化时间叠加在一起，能有好几个小时呢。

知道碎片化时间在哪里，也知道碎片化时间我们都能干些什么，那么第三步呢，"麻利小超人"就会把碎片化时间和我们能做的事情进行匹配整合来发挥碎片化时间的最大效能。

对于时间管理来说，碎片化时间统计利用的成功秘诀并不是别人告诉你的，而是需要自己在实践中进行总结。

（三）利用碎片化时间

挖掘到碎片化时间之后，"麻利小超人"接下来要做的就是充分利用好碎片化时间。在利用碎片化时间方面，"麻利小超人"也会做三件事。

首先，将工作项目切块来填充碎片化时间。既然整块的时间有意无意地被碎片化了，那么我们何不尝试把工作项目也切成块填充到碎片化时间里呢？

我们预计一个小时能完成的事情可以把它切成 3 个 20 分钟的工作项目填充到碎片化时间里面，按照阶段来完成，这就是所谓的"有碎片化要上，没有碎片化创造碎片化也要上"。

其次，不打无准备之仗，规划碎片化时间。弗朗西斯·培根曾经说过"合理的安排时间就等于节约时间"。碎片化散落在哪里，是利用它进行知识输入还是知识输出，我们应该要在每一天早上，甚至是前一天晚上就规划好。

例如，我们想利用碎片化时间来进行知识输入，去听一听"罗辑思维"的音频，那么最好提前把音频下载下来，准备好在碎片化时间里我们要吸收的知识。

《孙子兵法》有云，"谋定而后动，知耻而有德"。正所谓不打无准备之仗方能立于不败之地，打仗如此，规划和利用碎片化时间也一样。

最后，就是断网、断网、断网，享受碎片化时间。有人说成功就是百分之一的努力加上百分之九十九的不碰手机，但是如果你已经习惯性拿起手机来玩的话，我有三个方法分享给你。

第一个方法就是把手机关机，什么？你做不到关机。那好，来看第二个方法，就是把手机扔远一点，扔到你双手根本够不着的地方，什么？看不见手机你就难受、想哭？好吧，终极大招上来咯，第三个方法就是断网、断网、断网。

以前网上流传一句话说"天将降大任于斯人也，必先盗其 QQ、封其微博、收其电脑、夺其手机、断其 WiFi、剪其网线，使其百无聊赖，然后静坐思过。"你可以想象一下，如果我们法律人在碎片化时间里发现拿起手机之后根本就没有网络，算了，还是放下手机"立地成佛"，在无网的世界里面好好享受碎片化时间吧。不要再难受想哭了，快快从拖延症患者变身"麻利小超人"，正确地挖掘和更好地利用碎片化时间吧！

二、工具——时间管理的工具

吴晓波曾经说过"我们这代人是怎么淘汰上一代人的呢，不是我们比他们更勤奋、更聪明，而是我们比他们更乐于接受新的工具，所以淘汰人的从来都不是年龄而是工具。"

现在随着互联网的快速发展和手机 App 的不断开发，很多的效率工具应运而生。作为法律人，如果我们能够善于运用这些帮助我们提升效率的工具和方法，我想势必会在工作上起到事半功倍的效果。

2016 年 7 月 30 日，我有机会参加了一个名为"云端的律所"的沙龙活动，看到一些"只有云知道"的云端同步工具有这么多的功能和有待开发的作用，让我不禁想起了李宇春的歌曲，再不使用这些现代工具我们就真的老了。

也就是在这一次活动上，我更加深入地了解到包括印象笔记、坚果云在内的很多律师常用的现代工具。在那之后我就一直使用各种能帮我节省时间、提升效率的工具，切身感受到它们在提升我工作效率方面起到很多积极作用。

现在经常把擅于利用效率工具的律师称为"技术派律师"，如果你也想在时下大数据、云计算、人工智能的时代里运用各种时间管理和效率提升的工具在律师职场里驰骋，那么我把以下几个工具推荐给你。

（一）印象笔记

可能很多的法律人都在用高级版本或者是企业版本，我自己是做了半年印象笔记的免费用户之后购买了它的高级用户版本。应该在差不多三年前的时候，我还是一个小小的"小象亲"。但如今的我已然成为了印象笔记的一个重度依赖者，每天都会利用印象笔记来记录、来学习、来存储、来查阅。起初，我对印象笔记一见倾心是由于它"所记所得"的一个特点，也就是说在印象笔记里我打上的字是不需要保存的，直接就可以存储在里面，而不会像 Word 那样需要保存，以至于一旦我忘记保存，而恰好电脑这个时候死机，我就再也找不到那个文档了。所以一开始我使用印象笔记是因为它的这个特点。

我个人认为印象笔记在提升工作效率方面至少有以下三大优势。

（1）它可以将语音、文字、表格、图片、Word、Excel、PDF、思维导图、Keynote 等，通通保存到一条笔记里面。这样的话就便于我们采用多种形式来进行记录和学习。

（2）印象笔记有非常强大的检索功能，它可以检索到文件的名称，而且还可以检索到文件内的文字，甚至是图片中的文字，更神奇的是如果图片上的文字是手写的，只要这个字不太连笔也是可以检索出来的。

（3）印象笔记可以随时同步，什么都可以往这个"大象"里装，如微信里的好文章、微博、网页、重要邮件等都是可以同步的。

（二）坚果云

我第一次使用坚果云是因为在微信公众号"法秀"（fsoo‐com）上发表了一篇文章，"法秀"提供了坚果云一年的高级账户版本作为奖品。坚果云的团队从我接触来看他们是非常年轻而有活力的，让我得到了非常良好的用户体验。他们会时不时地通过微信、电话、邮件等和用户来沟通，问一问使用效果，这也是我很喜欢用坚果云的原因之一，因为我觉得任何一款工具都不是冰冷的，这样一个极富生命力的团队使得这款工具更加有温度。

可能你和我一样，会遇到这样的困惑，例如，在我们查找、收集、交换文件时，会浪费大量的时间；例如，我们的文件载体比较多，非常容易丢失；还例如，我们的文件版本前前后后被修改了很多次，当命名不那么科学的时候就会出现第一次修改、第 N 次修改、最后一次修改、最最后一次修改等混乱的局面。

而坚果云可以帮助我们解决这些痛点，使我们在查找、收集、交换文件时更加高效、方便，它可以保留所有历史版本，也便于我们开展团队协作。坚果云提升的不仅是效率，而且更加安全，不必担心设备丢失、更换或损坏带来的风险，是律师日常工作必备之选。

在我使用坚果云一年多的时间里，我从一枚坚果云"小白"，成为了坚果云"效率大使"。现在，坚果云在我每天的工作中都发挥着不可替代的作用，它给我的良好体验包括但不限于以下三个方面。

1. 分享文件链接，省时又省力

有一次，我的朋友想把他的课件分享给我，课件很大，微信传不过来，受到网速限制，他通过邮件附件尝试上传了很多次，终于在三天后我收到了邮件。还好，我的网速给力，下载了 20 分钟，课件终于下载下来了。

经过他的授权，我把他的课件上传到坚果云，通过外链接的方式分享到微信群，省时省力，大大提升了效率。

我自己的使用体会是，分享的这个链接也是可以进行选择的，可以选择你分享的用户，是所有用户？还是坚果云的注册用户？亦或是私密文件，只能发给指定的人？这样的一个设置在我的工作当中运用的会比较多，也比较方便。

这里要说明的是，除了单个文件可以通过链接的方式分享之外，其实文件夹也可以。在做社群知识管理和共享时，利用文件夹链接的方式分享，不仅安全（可以设置权限、到期时间等）而且高效。

2. 历史版本管理

以前我在修改文档时，习惯在文件名上标注 V1 版、V2 版等，一个文件被修改了多次，就会有多个版本保存在电脑里，低效、混乱是家常便饭。

而文件上传到坚果云后，不需要做任何标注，只要直接保存，事后就可以在历史版本中查看谁在什么时间做了什么修改，可以恢复旧版本，也可以查看比对。

3. 连接第三方软件，方便移动办公

作为一个律师，经常需要移动办公，刚好坚果云支持WebDAV 协议，可以很好地连接第三方软件。我知道坚果云可以连接很多第三方软件，说几个比较常用的。

（1）扫描全能王

扫描全能王能够将手机变成便携随身扫描器，可以随时随地将任何纸质文档电子化。只需简单拍摄任意纸质文档如合同、笔记、白板讨论等，该软件就会自动生成符合行业标准的PDF 文档。结合坚果云使用那就更好了，扫描好的文件直接上传到网盘，方便快捷。

（2）Office365

作为律师经常出差在外或者有时候没有携带电脑，突然又要修改文件或者合同。我相信这种情况不仅律师，应该是很多人都会遇到的。而坚果云完美集成了 Office365 系列软件，使用 Office365 打开坚果云中的 Office 文档，保存后会自动回传更新，更加方便快捷。移动办公，省时省力。

（3）微信

我关注了很多律师这方面的公众号。有时候看到好的文章，可以直接用邮件抽屉功能保存到坚果云，方便后期电脑上办公和参考使用。

另外，微信聊天中收到的文件，也可以非常方便地直接保存到坚果云。既可以提高文件流的处理效率，也不会遗漏重要的文件，非常便捷。

在参加"云端的律所"这个沙龙活动之前，虽然我自己也是坚果云的高级账户，但说实话我并没有好好利用它。直到参加了这次活动之后，也直到最近 360 云盘即将要关闭的事件发生，我在云端的所有分享和上传现在都很大程度地依赖坚果云。尤其是我手机里的照片和视频，以前我都是同步到 360 云盘里的，但是当发生这个关闭云盘事件之后我就开始尝试用坚果云来同步我的照片和视频。

很多律师朋友问我，云存储他们经常会用百度云，很大原因是因为百度云免费而且空间大，坚果云收费而且费用不低，坚果云和百度云之类的网盘到底有什么区别呢？

作为律师，我更加关注文件在不同终端的同步、协同和安全。网盘对于我们的重要意义不在于能有多少空间（包括每天登陆可以赠送多少空间），而在于网盘文件的实时同步和安全性，这才是重点。

我记得曾经看过一个权威的报告，报告中说全球最著名的三家 IT 领域独立研究分析机构 Forrester、Gartner、IDC 给网盘安全级别做过分析。Dropbox 是 A＋，百度云只是 C，也是通过这篇报告，我才了解到中国版的 Dropbox——坚果云，它的安全级别是 A，也是国内少有的同步盘，即可以将文件实时在不同移动终端同步更新。

罗振宇在 2016 年《时间的朋友》跨年演讲中说，"未来有两种生意的价值变得越来越大。要么帮用户省时间，要么帮他们把时间浪费在美好的事物上。"而坚果云，就是在做帮助用户提升效率、节省时间的事。

除了上面我提到的三个功能之外，坚果云还有很多的优势，如可以在所有的终端同步，团队的协作以及分享的安全性上也有很多的优点。好的产品不在于是否收费，而在于真正了解客户的需求，不断迭代的同时，更能真正帮到你。

（三）多问律师端

多问律师端（当然和它功能差不太多的 App 也有很多）是我用的最顺手的一个日常法律人都应该用到的一个工具。打开界面之后就会发现多问律师端它可以提供诉讼费计算方法、律师费计算方法、贷款利息的计算方法、天数、违约金、交通人身损害，包括工伤的赔偿计算等。

这款工具非常的实用。以前当我要计算，比如说违约金、利息的时候，我就特别羡慕那些能够用 Excel 表作出来公式，然后直接得出结论的这些牛人。

但是当多问律师端出现之后，我再也不需要 Excel 表了，我直接把本金、利息的比例、利息的时间、起止时间输入进去之后，就可以得出结论了，真的是太方便了。

我记得有一次去开庭，我是被告代理人。原告当庭提出要变更诉讼请求，变更违约金，原先诉讼请求中的违约金是10万，当庭要变更为九百多万。我提出当庭变更诉讼请求的话，除了需要另行计算答辩期和举证期限，还要求对方补交诉讼费。我不但提出来要按照法律的哪一条规定补交诉讼费，而且还当庭给他计算出来了补交诉讼费的金额是多少。补交诉讼费的金额就完全得益于多问律师端。

关于律师费的指导价格，它的依据也是各个地方的律师费的计算方法，非常的实用。所以这一款多问律师端我要强烈推荐给所有的法律人，应当每天或者是每一个案子都去使用的。

（四）讯飞语记

讯飞语记也是我用得比较顺手的工具之一。你可能也有这样的经历，当你想把一段语音转换成文字的时候，以前需要放几分钟语音打成文字、暂停、播放打字，这样循环往复再校对，这种笨办法至少要多花费三倍时间。

然而，使用讯飞语记则不需要这么麻烦，讯飞语记有一个很大的优势，它语音转换文字的准确率会高达98%。

起初我不相信它真有这么神奇，于是在下载了讯飞语记之后，自己进行了尝试。我先是尝试了新闻联播，之后尝试了十点读书，将它的语音转换成文字，除了一些专有名词或者是姓名之外，准确率都相当的高。

当然，讯飞语记 App 对于音频的效果要求比较高，如最好使用的是普通话，语速不可以过快，音频最好不要有杂音，最好在说的过程中不要有嗯、啊、这是或者停顿，连贯地说出来转换的效果会更好。

我经常会把起诉状、代理词、合作协议、微信公众号的文章等内容直接通过讯飞语记说出来，它就会自动转成文字，然后同步到微信电脑版之后，进行稍微地格式调整，一篇成稿就基本完成了。

讯飞语记就相当于我的免费速录员，如果一分钟用语音能说200字，那么一篇1000字左右的文本我五分钟就可以说完了。可见，用讯飞语记提升效率之快是不言而喻的。

我还给讯飞语记App想了一句免费的广告语：讯飞语记，语音速记里的战斗机，欧耶。

三、步骤——知识管理的步骤

也许你也曾有这样的经历：搜集、收藏、阅读了很多公号文章，最终记住的却没多少。也许你也有同感：下载了一电脑硬盘的资料，最后一个也没打开看。也许你也希望：构建自己的知识管理体系，将所学的知识内化于心、外化于形……

对于律师来说，知识管理极为重要，但却很容易陷入以下三个误区：一是将知识管理的工具误认为是知识管理本身；二是仅就具体的知识进行管理，而忽略了新旧知识的联动；三是缺少深度思考和实际践行，误将管理知识等同于知识管理。

如何既避免以上三个误区，又从知识输入到实际践行把知

识变成自己的经验和能力呢？也许你可以尝试用以下五个步骤
构建自己的知识管理体系。

（一）个人如何提升效率

1. 第一步：知识输入

（1）学会高效读书。最近，成甲老师在"分答小讲"里
分享的如何在五分钟内高效读一本书的方法，对我深有启发。
我们耳熟能详的二八原理其实在读书方面也可以有所体现。

如何用20%的时间读一本书80%的精华呢？

当我们拿到一本新书，首先要看四个部分——"封、目、
序、尾"。"封"即封面（包括封底）；"目"即目录；"序"
即序言；"尾"即结尾。这四部分往往是一本书的精华所在，
也是最容易被我们忽略的地方。

为什么有的大神能一年读二百多本书？为什么得到 App
的牛人可以在很短的时间之内消化一本书后用语音的方式分享
出来呢？这就是高效读书的奥秘所在。

（2）提炼所需要点。我们会发现，一篇文章或书中的观
点可能只有10% ~ 20% 的内容是可以为我们所用的。如果我
们兴奋地看完，像小松鼠收集坚果一般点击收藏，之后忘个精
光，那么这篇文章不会带给我们任何知识的认知和福利。

早前看过一篇文章——《提炼后的知识才是力量》，所以
在看过一篇干货文章之后，重要的不是看后赞同地点点头，而
是将我们不知道的或能拿来所用的要点提炼出来，总结归纳成
规律并在未来指导自己的实际行动。

（3）输出倒逼输入。所谓"输出倒逼输入"的方法是指先

定一个知识输出的目标，在一定的期限内（如一周之内）利用各种渠道知识输入，待期限截止，再用各种方式知识输出。

用"输出倒逼输入"的方式进行针对性的知识输入和有效的知识输出，可以快速地将学习区变成舒适区，扩展自己擅长的领域，加速构建自己的知识管理体系。

2. 第二步：深度思考

在快速发展的时代里，太追求"速食主义"未必都是好事。我们需要有深度思考的意识和深度思考的时间。

当看到一篇文章时，要多用批判性思维审视文中的什么观点有用，什么例证是可以被拿来放在别处列举，什么底层知识可以和自己已知的研究领域相联动，能否提炼出规律并在未来需要用到的时候指导实践。

3. 第三步：总结规律

总结规律最好的方法就是复盘。

复盘这个词源于围棋，它并非指简单地开个总结会议。重要的不是复盘的结果而是复盘的动作，当迈出复盘这一步后，可以自我复盘、对他人复盘、对团队复盘，最终找到规律并不断迭代升级。

4. 第四步：优化输出

知识输入之后，经过深度思考、复盘总结规律、联动自己已有的研究领域，在自我消化吸收之后，务必要优化输出。

输出的方式多种多样，可以写出来（包括写文章、写反思笔记）、画出来（画思维导图）、说出来（演讲、讲座、线上线下分享），甚至唱出来（如公众号"CU检说法"《史上第一个被用 rap 解读的工作报告》这篇文章插入的歌曲，即是将两会上的工作报告写成歌词用 rap 唱出来）。

当然，优化输出的方式还有很多，如制作成 PPT 课件、开会讨论形成会议纪要、复盘得出规律及下一步实施的具体方案等，也都属于优化输出的结果。

5. 第五步：实践应用

若想让知识融化在自己的血液里，知识管理体系的构建不可止步于知识输出。从知识输入到知识输出并没有彻底地完结，还要真正地使用。

"没有调查就没有发言权"，同样，没有实践应用，知识永远也不是自己的。不经过自己践行的知识，有再多的输入和输出也无济无事。

总之，运用知识输入、深度思考、总结规律、优化输出、实践应用五个步骤，知识联动、步步为营，才能将所学知识搭建成自己的知识管理体系。

以上三个部分的重点都在"个人如何提升效率"上，然而，如果想一群人走得更远，单打独斗的时代早晚会转型到团队作战。当形成一个团队或承办一家律所时该如何提升团队协作的效率呢？

（二）团队如何提升效率

我主要针对团队协作，从三个方面来阐述如何花更少的时间做更多的事情，提升团队的效率。

1. 法律人应该如何开会

俗话说，时间就是金钱。而我们的时间往往会被这些没完没了的会议所占据，尤其是那些没有意义的会议，如果你也正在被毫无意义的会议所牵绊着或者正在想如何提升会议质量和效率，我推荐大家以下三种方式。

第一种方式是站着开会。我记得第一次去宜家的时候，发现那里有一个卖快餐的店，只有高高的桌子，而没有椅子，我当时非常地好奇，我想是不是因为站着吃能让食客多吃一点？后来我才知道那是为了让食客站着吃完之后不要逗留，吃完赶快走人，腾出地方给另外的食客。

所以站着开会也是这个原理。因为一般人他站着，大概十几二十分钟左右就会站累了，就会将会议的时间尽量缩短在二十分钟左右，最长半个小时以内就会结束。

第二种方法是用现代方法开远程会议。实际上这种工具数不胜数，只要有网就可以。线上远程开会要有组织有纪律地开，主持人要先说说开会的议程目的、需要解决和沟通的问题，然后再依次邀请每个参会者来发言，之后进行总结，会后立刻在群里发送会议记录，把任务落实到人。

我用微信群开过九个人的远程会议，当时我在开会的时候是全程带着耳机的，手机放在口袋里，一边开会，我一边还可以上网查一查资料，甚至还可以一边在家扫扫地、擦擦桌子、做做家务。多线程的工作看似繁杂，却什么都不耽误，这样不知道会比百无聊赖地坐在会议室里听那些没用的废话好多少倍呢。

第三种方法就是为会议安排一个时间官的角色，如果必须面对面坐下来开会，那应该为这个有效的会议来建立一个标准。例如，召开会议的时候我们最好有一个总的会议主持人按照紧凑的议程进行，每一个议程最好精确到分钟，几点到几点由谁发言，讨论什么议题，要达到什么目标，开会的人也应该是比较适合的人，并且最终作出的决策要达到完成下一步任务分配的目标。

这个时间官是来帮助我们把控整个会议节奏的，叫时间官是因为要按照会议议程的时间节点来提示每一个会议发言人，帮助他们来掌控时间。其实开会的目的最终还是实效，而不是一大堆人坐在那里倾听自己或者是别人的声音，如果说想节省时间提升效率的话，不妨从改变开会的方式开始吧。

2. 有效委派

有一次，我随机对周围的律师朋友进行了一下调研，发现他们大多数都是亲力亲为，不敢放手大刀阔斧地把工作委派出去。即使是委派的事情，他们也并不放心，只是会把一些非常简单的工作委派给助理去做。

其实这种状态在我们身边还是比较普遍的，这种没有效果的委派或者是不委派，不仅搞得律师自己疲惫不堪而且也导致实习律师或者是律师助理无所事事而得不到任何的提升。

我们的目标不是"没有蛀牙"，而是要有效委派。

有效委派可以大大节省我们自己的时间，提升工作效率，腾出更多的精力去办更多更重要的事情。同时还可以使委派人和被委派人之间增进了解、加强信任，让被委派的人从中学到更多的东西，可谓是一举多得。

所谓有效委派，不仅是要把工作委派出去，而且同时也要把工作的要求和注意事项一起安排给被委派人。如邮寄邮件，当委派这项工作时，我们可以把邮寄的文件、邮寄的信息、邮寄文件的注意事项，同时告知给被委派人。

如果同一个事项要做第二次的时候，就一定要形成"指引"。如邮寄文件的"指引"，可以把注意事项总结为："字迹要工整，寄到法院必须要用 EMS，委派人交下去的事情被委派人应该及时地进行回复"等。

总结一项工作的"指引"可能一开始会花费一些时间去整理，但是一旦委派同类工作时，我们就可以同时把注意事项，发给被委派的人，让他知道该做什么以及该怎么做。因此，每次委派都不用再次说明问题，再浪费我们的时间和精力。也不会因为被委派人没有按照要求去做而担心或者是抓狂了。

3. 团队如何通过滚雪球越来越强大

对于团队如何做大做强，我自己有以下三个心得。

第一个心得就是团队角色的工作指引，我引用"他山之石"举几个例子。

我的一个显性化的标签是——律师界最爱演讲的，演讲界最懂法律的技术派律师。确实没错，从我自己爱上演讲之后，我就不断地去练习，来锻炼自己的演讲力和沟通力，同时也乐于把这些心得同志同道合的人来分享。

在我参加的"头马俱乐部"里，每次的演讲活动都有注意事项和角色要求。其中至少会有 10 个角色，如总主持、总评论、即兴演讲的主持人、即兴演讲者、背稿演讲者、计时官、语法官等，这些角色每次都会临时组成团队。在每次活动前一周要进行各种团队分工和协作。

演讲俱乐部对于每个角色都有详尽的工作指引，包括角色的工作职责是什么？工作的注意事项是什么？如果团队角色有其他很好的建议的话，这个指引也是可以不断升级的。

举这个例子是想说，在律师团队中也有不同的角色，或者有不同的工作阶段，我们可以借鉴这个例子的做法，让这个方法在我们日常的团队建设中尝试落地。

第二个心得就是团队复盘。前一阵，有一个很好的朋友，跟我说让我研究一下复盘，研究好后可以给他讲一讲其中的规律。

我不屑一顾地说，复盘不就是回顾一下哪里做得好、哪里做得不好、下次需要注意什么吗，有什么好研究的？他推荐我去看《复盘》这本书。然后我立刻就下单买了这本书，用两个晚上看完之后，我的感觉是复盘比我想象的要更加的呈体系。

《复盘》这本书中说到，复盘除了复盘自己、复盘团队，还有复盘他人。我们都知道复盘这个词是来源于围棋，后来柳传志多次运用到企业管理当中，并且给它赋予非常大的生命力。

从这本书中，我汲取到三个值得分享的精华。

首先，一般我们都会说团队复盘是什么是什么，但是从反面来看的话可能更加的一目了然。我认为团队复盘并不是走形式、走过场，也并不是和团队的成员"秋后算账"、找一个

"替罪羊"，更不是互相吹棒互相推卸责任的大会。所以要保证团队复盘的有效性，只有一个原则就是对事不对人。

其次，就是团队复盘的时候也需要有角色扮演。在复盘的时候团队成员要进行分工，不同的人承担不同的角色，不同的角色承担不同的职责，不同的职责要完成不同的任务。

一般来说，复盘会有三种角色，包括引导人、提问人和叙述人。

引导人就是类似于主持人的角色，来把控整个复盘会议的讨论氛围和节奏，来保证讨论不会偏离复盘的主旨，也保障复盘能够按照既定的流程顺利地进行。所以引导人更多的是利用自己在程序上的权威来引导一个议题进行深入的讨论。他要适时地结束一个话题同时开启一个新的话题，以及宣布复盘结束。

提问人的作用就很大了，他可以引导大家来进行思考、进行回忆、进行探索，探索出事情的本质，发现隐含在实践当中的那些规律。好的提问人会提出特别好的问题，提问人能否发挥应有的作用是复盘能否成功的一个关键。

叙述人在复盘的时候要用一种超脱客观的眼光审视自己曾经做过的事情。用一个旁观者的视角，冷静地剖析自己。最重要的，是要真实全面完整地将整个事情的全貌甚至是细枝末节展现在团队所有成员面前。

最后，就是团队复盘的步骤。以下这四个步骤是柳传志在联想公司进行复盘时所总结的，当然《复盘》这本书中对这四个步骤又进行了细化，划分成八个步骤。我个人认为这四个步骤就完全够用了，太多的步骤对于我们来说是一种负担，也记不住。

复盘四步走，包括了回顾目标、评估结果、分析原因、最终要总结出规律。在看完这本书之后我对于复盘有了一个新的理解。我觉得平时在自我复盘（包括团队复盘以及复盘他人、复盘高手）的时候，我仅仅注重了前三步，而忽视了对于规律的总结。这也是我看完这本书以及想把这个团队复盘的心得写出来的重要原因。

无论是团队角色还是团队复盘，最终的目的都是要把规律总结出来，落地、生根、发芽、开花。否则工作完成之后就完成了，复盘完成开个会就完了，那么团队中每一个成员和整体是不会得到非常好的提升的。

所以，对于每个法律人来说，对于每个律师团队来讲，都需要在完成一项工作之后，回顾一下、总结一下，最终形成一个制度或者指引，并且不断在 1.0 的基础上，升级为自己的 2.0、3.0……

Chapter 6

律师须健谈——谈判

一、方法——谈判的 N 个方法

（一）什么是法律谈判

畅销书《好好说话》一书对谈判的定义是："所谓谈判，就是在不可忍受的僵局下，交换评价不相同的事物。谈判的本质就是交换，且主要交换的乃是双方评价不相同的事物。而如何在一个既有的僵局中，为彼此创造出各种评价不同的事物以供协商与交换，就是所有谈判的精髓所在。"法律谈判，换言之，就是谈判方根据对事物的不同法律评价，采取相互合作或解决冲突的协商方式。

台湾著名学者王泽鉴教授在《民法思维》中写道："法律人应具备的三大能力是：法律知识、法律思维和解决争议。"那么，具体到律师行业，我认为青年律师更应强化的三种能力是：法律检索、文书写作和谈判沟通。其中谈判沟通作为青年律师的加分项，在其个人能力的发挥中起着举足轻重的作用。

青年律师要学会通过谈判来达成目标，为了同一目标，要准备好"与自己水火不容的人"并肩作战，谈判就是达成目标的必要手段。

无论身处多大的舞台，律师的谈判沟通能力都是最重要的。数十年律师行业的实践与探索，使我深切体会到律师工作中谈判沟通无处不在，谈判能力可谓律师的生命力，一个不善谈判的律师不可能为客户争取最大的利益，一个不懂谈判的律师是不可能影响受众决策的！

（二）法律谈判的种类

韩德云律师在他的著作《法律谈判策略与技巧》中，将法律谈判根据谈判目的，分为两大类：交易式谈判和争议解决式谈判。每一类型的谈判在内容、方式以及衡量成功的标准等方面均存在显著的区别。

交易式谈判，就是指谈判双方为了达成商业交易，而就交易过程中涉及的价款、运输、投资并购等多方面细节进行的谈判。如在一个消费品采购的谈判中，双方要就消费品的价格及其调整机制、支付时间、运输费用、安装、违约责任等事宜进行一一洽谈，并落实到纸面合同当中。

争议解决式谈判，是指谈判双方因为某些事情产生争议、冲突，而就争议如何解决引发的谈判。最典型的是诉讼中的调解、和解程序、提交仲裁机构解决前的协商等。

实际的法律谈判中，往往是兼具争议解决和交易两个方面的内容。如在一个因员工绩效不达标而公司予以解聘的劳动关系谈判中，会涉及员工绩效不达标的事实及劳动法律对此如何规定，以及员工是否同意降薪而继续留在公司工作的交易等事宜的讨论。在这样一个谈判中，既夹杂了法律规定、证据保留等争议解决方面的问题，又涉及员工管理、绩效与激励等交易方面的问题。

这两种法律谈判迥然不同的特点，提示我们应该用不同的谈判策略去分别应对。

（三）谈判策略

谈判策略，是指谈判人员在谈判过程中为了达到预期的目标，根据形势的发展变化而制定或采取的行动方针和谈判方式。或者说，谈判策略是在可以预见和可能发生的情况下应采取的相应行动和手段。

龙永图在《入世谈判》中总结出这样一条经验："要知道对自己来说，哪些是可谈的，哪些是不可谈的，哪些是可让的，哪些是不可让的。不单要知道自己的次序，还要知道对手的次序。"

制定谈判策略的步骤是指制定谈判策略所应遵循的逻辑顺序，主要包括以下几个方面。

1. 了解影响谈判的因素

谈判策略制定的起点是对影响谈判的各因素的了解。这些因素包括谈判中的问题、双方的分歧和态度、趋势、事件或情况等，这些因素共同构成一套谈判组合。首先，谈判人员要将这个"组合"分解成不同的部分，并找出每部分的意义；然后，谈判人员要进行重新安排，在观察分析之后，找出最有利于自己的组合方式。

为了判断在谈判过程中采取进攻或撤退的最佳时机，寻找最合适的手段或方式，达成最有利于自己的协议，谈判人员需要制定恰当的谈判策略。由于谈判是一个动态的发展过程，要求谈判人员能针对谈判中的发展趋势作出适当的反应，随时调整谈判策略。

2. 寻找关键问题

在对相关现象进行科学分析和判断之后，要求对问题特别是关键问题作出明确的陈述与界定，弄清楚问题的性质，以及该问题对整个谈判的成功会产生什么障碍等。

根据现象分析，找出关键问题，找出谈判进展中应该调整的事先已确定的目标，视当时的环境变化，调整和修订原来的目标，或是对各种可能的目标进行分析，确定一个新目标。谈判目标的确定关系到整个谈判策略的制定以及将来整个谈判的方向、价值和行动。这个过程实际上是一个根据自身条件和谈判环境的要求寻找各种可能目标进行动态分析判断的过程。

3. 形成具体的谈判策略

在进行深度分析得出结果的基础上，对拟订的谈判策略进行评价，得出最后结论。同时，还需要考虑提出假设性谈判策略的方式、方法。根据谈判的进展情况，特别是在已经准确把握了对方的企图以后，就要考虑在什么时候提出己方的策略，并考虑以什么方式提出。综合考虑这些方法和提出的时间、方式，确定这些假设方法中哪些是最好的、哪些是一般的、哪些是迫不得已的，即形成所谓的"上策""中策"和"下策"。

4. 拟订行动计划草案

有了具体的谈判策略，紧接着便是考虑谈判策略的实施。要从一般到具体提出每位谈判人员必须做到的事项，把它们在时间、空间上安排好，并进行反馈控制和追踪决策。

以上只是从谈判的一般情况来说明如何制定谈判策略。在具体实施的过程中，上述步骤并非机械地排列，各步骤间也不是截然分开的，这些步骤和程序仅仅是制定谈判策略时所应遵循的逻辑思维。

（四）谈判策略的分类

韩德云律师在《法律谈判策略与技巧》中，将谈判策略归纳为进攻型、协作型和解决问题型三种主要类型。我很认同韩律师的这种分类。

进攻型策略的含义是指通过采取强势的谈判行为，利用强大的气场促使对方作出让步，为自己争取最大利益的谈判策略。

协作型策略的含义是指谈判双方秉承和谐、公平、平等的态度，通过让对方接受的谈判行为，达到双方都满意的结果。

解决问题型策略的含义是指双方为解决某个冲突或争议，而努力达成一个使双方获利的协议。

二、技巧——谈判的 N 个技巧

每个人的一生中，每天都在极大限度地运用不同种形式的谈判策略，与各式各样的人打交道，每一次交道不管简单还是复杂，可能都是一场谈判，既然是谈判，就有开场，也有结局。因此我按谈判的时间顺序把谈判分为开局、中场、终局三个阶段，为你展现一个清晰的谈判框架。并且对这三个部分提出了相应的谈判技巧，告诉大家怎样取得理想的谈判效果。

（一）开局谈判技巧

1. 营造一个共赢的谈判氛围

传统的谈判常常被认为是一种你死我活的"零和游戏"，实际上这种想法恰恰是错误的，因为谈判的目标是要达成一种共赢的状态。共赢以双方存在一个第三选择为目标，这样的谈判结果反推出谈判氛围应该是其乐融融的。

因此，谈判双方要避免产生对抗性的气氛，不要表现出咄咄逼人的态度。尤其是对方传递出你认为有误的观点，不要马上去反驳对方。因为反驳会让对方拼命强化自己的立场，最好先能表示理解对方的感受，将其引向一个新的方向。

2. 开出一个高出你心理预期的条件

例如，作为律师你代理一起交通肇事的人身损害赔偿案件，想通过和解的途径帮助肇事方解决赔偿问题，你恰好通过熟人和网络的渠道找到了受害方。受害方跟你要价 10 万元，但你的当事人只答应凑足 9 万元。你代表当事人表明了自己愿意赔偿的强烈愿望，但只凑到 9 万元。受害方同意按此成交。

这时你犯了最大的忌讳，就是想 9 万元成交，绝不能只砍价到 9 万元。因为一旦受害方一口答应，你会不停去想，当时要价 8 万元会怎么样，陷入后悔中不能自拔，即永远不要接受对方第一次的报价。

反过来，你代理受害方想获得赔偿，并知道如果谈判顺利的话，可到手 10 万元。这时肇事方的律师为寻求解决争议，找上门来表示愿赔偿 15 万元，答不答应他？

对谈判技巧稍有了解的朋友都应该知道，永远不该接受第一次报价。这个例子中，你接受了 15 万元，而肇事方律师是有付 20 万元的心理准备的，这样他会很开心，而你会很崩溃。所以无论如何，作为受害方的代理律师，你也应该还个价，比如说 17 万元，说不定最后以 16 万元成交，对方可能还比 15 万元成交兴奋得多。

这就是谈判的"套路"，谈判高手都是按照套路来的。

3. 表现得非常惊讶

开局表现的惊讶，事实上是为了中场热身。假设你们律师事务所办公室的租约即将到期，准备续租。你估计业主会要求将租金提高 20%，该怎么办？

通常的办法是，拿出你最棒的演技，对他表示你的震惊。你就可以这样和他沟通："还要涨价？我还正要跟你谈降价呢！这里漏水，那里冷气不足！"

理想状态下是让对方都觉得对不住你，觉得涨价都不太好意思。一定要拼上你的全部演技，让他觉得他的要求有点儿离谱。

（二）中场谈判策略

1. 营造一个模糊的更高的权威

（1）不要沉浸在一种大权在握的感觉里，喜欢自己拍板在谈判中是对自己非常不利的。这样做的目的就是帮助你清醒的判断局势，避免一次性作出决定。

（2）模糊的权威可以是当事人、律所主任、律所委员会。谈判过程中经常出现一些对方逼你作出决定的时刻，如让你就谈判的价格、支付方式等方面及时作出判断。此时，你要小心。不仅要防止自己武断地作出决定，还要防止对方逼你就范，就可以使用这个方法。

（3）除此以外，你从一开始还要防止对方也用这个策略，要激起对方的自我意识。同时你也可以让对方作出承诺，一定会在他所谓的"上司"面前积极地推荐你的方案。如果对方没完没了地请示他的"被代理人"，那么你就以其人之道还治其人之身，你也去请示自己的"被代理人"，对方就明白了，会及时停止这个把戏。

2. 怎样让步才最合理

（1）避免一步到位

在多数情况下，根据谈判形成的解决方案达成的协议，需要一方或双方在所争议的问题上适当让步，所以，适当让步是谈判中最基本的技巧。

（2）以退为进

最终达成协议的重要技巧，是前面提到的相互让步的解决问题型技巧。对谈判者来说，准备做好让步是必须的。

在谈判中提出要求是"进"的表现，而让步即是"退"的表现。作出让步，不能简单被看作是消极的表现或者意味着谈判失败，让步是使得谈判得以继续推进的重要因素。

通常，在最后阶段的谈判中，律师可以以某一事项上的让步，来换取对方在对自己当事人更重要的另一事项上的让步。

但是，无论律师采取何种解决问题型技巧解决问题，一方或另一方所期望的目标通常并不可能全部实现，让步尽管也是有底线的，但是谈判就是双方相互不断让步最终达到利益平衡、价值交换的一个过程。

让步既需要把握时机，又需要掌握一些基本技巧，也许一个小小的让步会涉及整个战略布局，草率的让步和寸土不让都是不可取的。所以，在谈判中让步的原则永远是：没有回报，决不让步。

（3）隐蔽型让步

不要让对方发现你的让步模式，不要每次让步的幅度都一样，更不要越让越多。正确的做法是逐渐减少让步的幅度，也就是越让越少。

不管哪种技巧，其重点都在于尽量向对方表明谈判者已尽了最大努力。

在谈判的过程中，一个谈判者表示自己已尽了最大努力的让步，让步幅度要多大才算合适呢？

在谈判的过程中，不成比例的大幅度让步不仅会引起对方的误解，反而会让谈判对方误以为律师的让步还未达到底限，还有再让步的可能。

此外，从另一方面来看，最后一次让步要让对方感受到最后一次的意味，又可以在合理的范围内比前一次让步稍大一些，以便摆出更为明确的到此准备结束谈判的姿态。

谈判就是一个妥协的过程，让步要合理，让对方感受到你的诚意。所以，让步要遵循递减规律。

此外，要不得一口价，不能把话说绝了。如你告诉对方我就这个价，再让一分钱我是你孙子，这桩生意就没法再谈了。谈判一定要给自己留下后路，并且想清楚，让步的好意对方很快会忘，因为对方的目标不是已经作出的让步，而是盯着你下一步的退让。不要幻想你作出一个让步，对方就能记住你的情。

如果对方逼你作出让步，你要立刻索取你的回报，你可以问对方："如果我作出这个让步，你会给我什么好处呢？"

实际上，相互让步也是补偿的一种方式。很多情况下，让利的时机比让利的幅度更加重要，所以即使你只做了小小一部分的让利，但如果时机把握得好，就有可能产生更好的效果。

3. 陷入僵局、困境、死胡同的策略

僵局就是双方产生了巨大的分歧，但是还愿意继续谈下去。这个时候你可以把遇到的问题先放下，暂时搁置一会，先从其他的问题入手。

困境就是谈判双方都无法取得实际有意义的进展。

死胡同是双方都认为已经没有必要谈下去了，认为不可能有进展了。唯一办法就是引入第三方来协调，这个第三方一定要以一个"中立者"的形象出现。

那么，在谈判陷入僵局、困境和死胡同时，就意味着你不仅要注意谈判的内容，还要注意谈判的氛围。很多对话的失败，就是因为没有关注氛围。当你发现对方情绪不对或者气氛出现不利于对话的变化时，要停止内容方面的沟通，转而修复氛围。你可以直接表示你理解对方的情绪。甚至要求把对话停一停，建议双方休息一下，吃完饭之后再讨论，聊聊双方的爱好，暂时缓和一下气氛，约定好一个时间再接着谈。

记得《中国合伙人》里面三个合伙人到美国谈判的段落吗？就靠着一个调整氛围的暂停，最终达成了和解。

（三）谈判终局策略

1. 蚕食策略

所谓蚕食策略是说，在谈判刚开始时，不要一口气提出自己所有的条件。等到双方达成合作意向，商谈好大部分条件之后，再逐渐提出看似微不足道的小要求。

在谈判快结束之前，要为自己争取更多的利益，甚至还可以让对方答应一些起初他们回绝的要求，最终达到自己的谈判目的。

如果发现对方使用蚕食策略，我们可以用以下方法应对：首先，通过书面的方式告诉对方，如果希望我们作出任何让步，就必须按照标准付费。其次，无论对方提出何种要求，都不要告诉对方你有最终决定权，可以使用更高权威策略来保护自己。最后，一定要面带微笑，将友好的谈判氛围坚持到底。

2. 让对方感觉自己赢了

如果你的对手受过良好的谈判训练，对自己的谈判能力很自负，非常不喜欢那种输掉谈判的感觉，这个时候不妨作出一些小让步。

如果谈判获得了一个非常满意的谈判结果，你不应当在对方律师及其当事人面前流露出赢得谈判胜利的喜悦。双方律师将来还会打交道，如果对方律师得知自己在这次谈判中吃了亏，那么以后再与他打交道就会很困难了。

相反，真正优秀地运用策略是在自己获得满意谈判结果的同时，仍然让谈判对手觉得愉快，任何时候都不要对所达成的一项协议使对手不利而显得幸灾乐祸，这不仅是一种非常不礼貌的行为，而且还有可能刺激你的谈判对手重新进行谈判。

所有的谈判技巧都是为满足当事人的利益需要而使用的，永远不是为了让律师找到工作的快感，这是律师选择谈判策略的唯一要素。谈判过程中，应该尊重你的对手，即使你取得完胜，也不要从奚落对手的语言中去寻找快乐，因为那不是当事人的利益。

（四）谈判结束

谈判结束后，最重要的是要重复双方的协议跟承诺，然后争取主动承担任何最终签约所用的协议或文件的起草工作。律师在起草文件中所选用的词句与对方所想使用的词句可能不完全一致。尤其是协议内容复杂，篇幅长或谈判是在竞争中进行时，情况更是如此。

此外，协议的某些细微之处和措辞在谈判中并未具体讨论过，在这些条款和用词上，负责起草工作的律师是可以按倾向于自己当事人的角度去做一些努力的。

请记住，一个进攻型谈判者即使在谈判开始之前就准备好了协议蓝本，在谈判过程中也不要太早拿给谈判对方看，而要等到谈判结束、各方都筋疲力尽时，再自告奋勇地拿出事先准备好的协议蓝本进行修改完善，这也要求律师在平时就要养成收集、整理各类协议文本的习惯。

在得到利益后，还要保持头脑清醒，切记：谈判桌上的最后一块钱往往是最"贵"的。这是说协议达成后，千万不要节外生枝。曾经有一家小公司跟一家跨国公司谈判，全谈成了，第二天，跨国公司已经宣布了要举行一个签字仪式。就在这一天晚上，小公司打来电话说，想来想去那一块钱我们还是要争取一下，如果你们不给，明天我们就会缺席签字仪式。跨国公司妥协答应了，但也下令，从此不得再与这个公司有任何的交易往来。所以为争取一点蝇头小利，把"金主爸爸"得罪了实在不值当。

三、步骤——谈判的 N 个步骤

从微观角度讲，谈判策略和谈判技巧旨在掌握细节。从宏观角度讲，谈判步骤侧重关注谈判的方向、进程以及最终达成的交易点。这一部分我将揭示出一个简单而又重要的真理：法律谈判如同一场由四个阶段或步骤构成的舞会。随后将依次介绍这四个步骤。首先来看一下实际生活中一个很简单的例子，我们将会看到这四个步骤是如何在现实中进行的。

设想一下你正驾车驶向一个十字路口，你注意到此时另一辆车也正靠近这个路口，你该怎么办？

大多数有经验的司机会开始减慢车速，判断情况。接下来，他们会扫视对方，进行眼神的接触，希望能与对方沟通。双方眼神接触后，一方司机会向路口方向挥手，打出众所周知的手势——"您先请"。很可能两位司机同时挥手，但是犹豫一会儿后，一位司机会先走，另一位紧随其后。

注意这四个步骤的过程准备（减速）、信息交流（眼神接触）、建议和让步（挥手示意）、最后达成约定（驾车通过）。

这个过程似乎是独一无二的，但人类学家和其他社会学家发现，类似的四步骤过程在许多情境下都会出现，如开发商与政府之间的土地纠纷、劳资谈判。这四个步骤隐藏在谈判的表面之下，构成了谈判未曾言明、不可见的模式。

介绍完了前面的这些部分，让我们回归正题。接下来我将向你介绍法律谈判过程中的四个步骤：精心准备（谈判计划）、信息交换（面谈、展示和确认）、谈判（价格点）和终结（达成交易）。

（一）精心准备

精心准备的是要针对你所面临的情况，制定一个具体的行动计划，即使在相对简单的谈判中也要如此。基本上说，存在四个不同的谈判情境，区分的根据是：谈判各方对正在建立的关系——如果有的话——重要性的认识（谈判各方将来在多大程度上需要相互帮助和协作以实现各自的目标）；谈判各方对涉及的利益的认识（在一场具体的交易中，双方在何种程度上想获得诸如资金、权力和空地这样的有限资源）。每一次谈判，不论是气氛友好还是明显对立，既在实质问题上存在某种程度的冲突，也在对待彼此的方式上表现出一定程度的敏感。

我们可以把谈判各方对关系的认识取相对"高"或"低"值，同样也可把对利益的认识取"高"值或"低"值，进行相互比较。情境矩阵将这两种要素结合在一起，给出了四种谈判情境：默认协作、交易、关系和平衡考虑。并且通过判断各方对利益冲突的认识和各方对未来关系重要性认识的高低程度，来选择合适谈判的策略。

第1象限：平衡考虑（商业伙伴，合资公司或合并）；最优策略：解决问题型或协作型。

第2象限：关系（婚姻、朋友关系或工作团队）；最优策略：解决问题型或协作型。

第3象限：交易（离婚、售房或市场交易）；最优策略：进攻型、解决问题型或协作型。

第4象限：默认协作（一次性协作）；最优策略：进攻型或协作型。

没有准备的人，就是在准备失败。谈判方如想要抓住谈判的核心要素，首先就要针对谈判情境，准备合适的谈判策略。此一步，也奠定了谈判的基调。

（二）信息交换

信息交换是法律谈判的核心环节。从法律服务销售的角度来看，这个过程要求我们在谈价格之前甚至全程都作为咨询者的角色出现，盯住客户的痛点、兴趣点、需求点、动因点，在抓住客户的真正需求后，制定合适的法律服务方案予以匹配。

1. 面谈

在这一环节，青年律师要摒弃滔滔不绝地阐述法律服务或者己方观点的做法，要把80%的时间交给对方，让他们去陈述问题、痛点。作为律师，让我们仔细听，让客户的压抑、困惑得到释放，让他们的问题"飞一会"。我曾目睹过部分青年律师与人谈判时开始即直奔主题，并没有和对方充分的交流，不了解对方的需求，就贸然展示自己，这样的效果很差。

同时，我们需要有准备，适时、正确地提问，把潜在痛点、需求点挖掘好，这也是一个很好建立信任感的沟通方式和过程。另外，了解客户需求并不能停留在表面，要通过客户要求，洞察到客户的利益点。因为要求和主张只是客户基于利益提出来的表面需求点，而背后的客户利益和动因才应该是实质需求点，律师应据此作出分析、判断。

所以，面谈阶段的目标就是挖掘需求点、痛点，建立进一步的信任感。为拿出产品、服务做准备。

2. 展示

展示，就是在了解客户的需求后，我们要拿出自己的产品，满足他们的期望，引起客户赞叹，从而让他选择你提供的法律服务。那该展示哪些东西呢？我们需要把握三个时态来阐释你如何满足客户实质需求。

首先，可能在接触和面谈环节，我们会和客户聊很多过去的经验，这些都是在展示过程中需要深化、证实的内容。在了解客户的需求之后，你就可以制定相关的案例，展示你做过成功的或者更高难度的相关案例。这是过去辉煌经验的展示，是过去时。

其次，现在时的展示就需要让客户了解我现在所在的团队就是以这一专业著称、擅长这一领域的。

最后，更重要的一点是将来时，你让客户知道你可以将客户的项目、案件带到何种结果，能够处理到何种地步，这就是你基于法律事实和客户需求作出的法律解决方案，分析将来能帮客户的案子做到什么程度、结果，能帮客户的项目做到什么结果，这是客户最关心的。

从轻重缓急和时间顺序上来看，客户最关心什么呢？显然是解决方案。展示你的解决方案，就要综合从过去时、现在时、将来时三个层面阐释了。如可以说说过去与客户案例相关的成功案例，现在的自身业务定位于专门从事解决此类纠纷或者有辅助的团队可以协作，还可以就谈判内容分析解决途径、未来走向等。这样对客户说服的层次感会很明确，逻辑结构会更清晰。

总之，在展示阶段，拿出你的卖点（解决方案），匹配客户的需求点。

3. 确认

在展示法律解决方案后，就要获得客户的确认。最终买单的是客户，只有客户确定能帮他解决问题，这一单才能成。

在这一过程中，通常会遇到什么问题呢？我曾经很努力地给客户做了法律方案后，客户却认为不能帮他解决问题。我会说我有过很多类似的成功案子，这个肯定也没有问题。现在复盘下来，我的谈判技巧是有问题的，正确的应该怎么说呢？

我应该先尊重客户的判断和感受，再询问客户顾虑的原因，了解客户的观点和情绪后，再给客户进行解释，帮他走出由于不够了解法律等原因带来的困惑和误区，这样客户才可能确认法律方案是可以帮他解决问题的。

俗话说，最终达到销售成单，让客户说好，是要在前面每一个步骤从客户那得到反馈，我理解中的您的需求点、利益点对么？您看这个方案能帮您解决问题吗？客户在这些阶段给出的一个个小的肯定，促成最后成单。所以，展示完毕，阐释之后，请让客户确认你的方案是否符合他的需求。

4. 谈判

基于对谈判解决方案的协商，相信客户对谈判的内容已经有了初步的认知。那么接下来就要谈一谈价格了。我先说下为什么要把价格放在后面再来谈？

首先，如果我们过早谈价格，价格就没法谈。尽管律师文书、宣传资料、律所办公室都能影响客户价格预期，但法律服务毕竟是无形的，因此，除非客户相当有经验并经过调查，否则不容易形成快速的价格比较和认可。价格谈得越多，双方花的能量越多，最终的价格就越谈越低。反之，在准备充分的情况下，销售过程花在价格的时间上越少，最终价格效果越好。

其次，如果法律解决方案的好处、可行性没有得到客户认可，客户凭什么和你谈价格？如果解决方案说服力、经验能力展示得不充分，让他感受到信心不足或者无法充分信赖，客户为什么给你高价？只有客户体验了、认可了前面步骤的价值，后面的步骤才会有基础。因为销售是建立在客户每个小的肯定上的，只有前一阶段客户认为很不错，你说我们签约吧，客户才有可能签约。如果客户全程沉默不语，那客户同意签约的概率肯定是小于客户不时给予肯定的概率。

另外，对于谈价格的技术方面，需要从客户、律师和市场竞争对手三个方面分析。

5. 终结

上一步，如果客户对你的价格和服务方案都满意了，那恭喜你，此时需要进入终结阶段，要求客户签约、达成交易。这就叫终结谈判，达成交易点。

此时，如果前面五步都做得非常有效，那你要做的就是在适当的时候提出要求"如果没有其他的顾虑要求，那我们就签约吧"。你肯定是需要提出这个要求的，不然这个单可能就丢了，有可能时过境迁，客户另选他人咨询、交易。所以如果前面都谈的很好，那一定要在基础之上即时跟进，要求他进一步确认并决定签约，这种情况才是比较顺利的。

但有些时候会出现这种情况，客户前面都很满意，但要他签字的时候就有问题了，为什么呢？这是因为紧张了，要做决定了，此为决策的正常反应。

此时，需要针对不同性格、职责、决策行为风格的人，来推进交易完成。有些人你要紧跟着他，有些人你要稍微给他些时间。尤其是那种实干型的，抓住问题就可以决策的，这种人一般你不能太过催促，否则适得其反；但对于那些犹豫不决的人，你需要把前面所做的展示、方案再适当总结一下，通过这种方式，给客户信心，让他打消决策的顾虑，没有顾虑会容易决策。对于那些需要不停需要信息、时间来决策的害怕风险的人，你需要继续巩固成果，强化你的服务方案的益处和优势，阐释风险可控。

Chapter 7

律师须懂心理学——心理

很多法科生和青年律师在初入职场时，我都会建议他们，除了研读法学类的书，还应该广泛涉猎、跨领域研究——如心理学。

有人说律师都应该是人精，除了法学专业素养，还要有察言观色的能力。在和客户沟通时，客户的一颦一笑、一举一动都需要我们有洞察的能力，在和法官交流时，注意法官的每一个微表情、提的每一个问题，我们都要从这些小细节里捕捉到有效信息。

心理学家经过大量实验证明：人的行为会受很多诸如性格、想法、感觉、情绪、需求、价值观等因素的影响。正所谓：人的外在行为是人的内在心理的显性表达。人的外在行为就好像露出海面的冰山一角，而影响行为的内在因素就像是冰山在海面下的巨大部分。如果要想了解一个人的内心所想，可以通过对他的行为模式进行观察分析进而解读出来。

2017 年 5 月，我第一次接触到了 DISC 心理学理论。DISC 理论是美国临床心理学家威廉·莫尔顿·马斯顿博士（Dr. William Moulton Marston）在 20 世纪 20 年代推出的研究成果。DISC 理论主要研究正常人的行为风格，被称为"人类的行为语言"。

在了解了 DISC 理论之后，我忽然发现我之前在人际交往时陷入了一个误区：即对每一个人都用同一种方式在交流，而且这种方式还是我自己喜欢的而并非一定是对方愿意接受的。以至于当我与对方交流不顺畅时，我会无所适从但却并未意识到问题是没有对不同性格特质的人用不同的沟通技巧，反而把沟通不畅归因于对方的不友好和难相处。

DISC 理论的核心就是提升个人的敏感度，通过特征分析，简单地将人类的行为展现出四种基本风格——Dominance（支配型）、Influence（影响型）、Steadiness（稳健型）和Conscientiousness（谨慎型）。经四种特征首字母的提炼，就形成了所谓的"DISC"理论。

一、理论——DISC 心理学理论

DISC 理论是一个性格测评工具。其实现在市面上有不少行为测评工具，分为不同的性格解析流派，如九型人格、大五人格、血型星座、性格色彩、MBTI 等。

有些工具和方法由于本身体系过于复杂，不容易记忆、复制、应用，不适合形成并应用为律师团队内部的共同语言，也不利于减少沟通和协调这些看不见的成本，而这些内耗极有可能是未来律师事务所、律师团队、律师个体形成差异的关键点。

从律师的工作场景来看，可以通过 DISC 理论快速识别当事人和法官的性格特征，用他们性格特质中展现的特点顺利地和他们沟通交流。

（一）DISC 的两个基础：行为的倾向性和研究的科学性

DISC 这个测评工具最大的特点就是简单易学，意义在于知己知彼。它既可以帮助我们了解自己、又可以时刻提示我们要理解他人。DISC 行为风格的理论主要建立在行为的倾向性和研究的科学性两个基础之上。

1. 行为的倾向性

我们可能都有过这样的经历，看见某个人，就觉得他顺眼，就觉得他是好人、值得信任；可有时看见某个人，就觉得他很讨厌，连在同一个房间呼吸同样的空气，和他说话交流都觉得很不耐烦。

这个例子虽然有些夸张，但这说明了每个人的行为都是有倾向性、存在个人好恶的。当没有统一的评判标准，第一次接触陌生人时，喜欢或讨厌完全凭感觉。

作为律师，如果第一次见面的客户、当事人或法官刚好就是你看着顺眼的人，这是好事，这是运气，但这不是能力。

什么是能力呢？能力是哪怕这个客户、当事人或法官你第一眼看着不顺眼，但你还是能够和他愉快地沟通交流，你可以在短时间内知道对方喜欢什么样的沟通方式，并且用对方喜欢的方式去交流。

第一眼的好恶不仅不影响你最后的结果，而且还可以让客户买单、让当事人满意、让法官认可，这才叫能力。所以，律师如果掌握了 DISC 理论这个"超能力"，便可以提升我们对人的敏感度，为我们自己赋能。

2. 研究的科学性

经常有人会问我，在判断一个人、一件事是好是坏的时候，用什么样的标准去判断？你的标准和我的标准是否是一样的？如果没有建立一个统一的标准，你会发现要去判断一个人、一件事情的好坏和对错是比较困难的。

我们知道，沟通最重要的前提就是要了解自己、理解对方。当我们没有明确标准时，你就会用自己当前的状态和感觉去评判对方，这种判断可能会不够全面、不够客观。

但当你建立了标准的认知坐标之后，你就会有能力更加全面、更加客观地去描述它。我们需要这种认知坐标来辅助我们理解世界、理解他人、并作出我们的评价。

而 DISC 理论研究的科学性，就是为我们在短时间内判断人、判断事树立一个标准的认知坐标。所以，建立认知坐标最好的工具就是 DISC。

（二）DISC 的两个维度：关注人 or 关注事？做事快 or 慢？

DISC 呈现两个维度，第一个维度是"任务—人际"维度，关注事还是关注人；第二个维度是"直接—间接"维度，做事直接还是间接、快还是慢。

1. 第一个维度："任务——人际"维度

第一个维度，看这个人关注的焦点是任务导向，还是人际导向。如果这个人是任务导向，他谈的大部分是与事情相关的，表情会相对严肃一些；如果这个人是人际导向，他会比较愿意与你分享和沟通，亲和力比较强。

想知道你自己是关注人多一点，还是关注事多一点？来做做下面这个经典的小测试吧。

【经典小测试：测试一下你是关注事 or 关注人？】

情景：

如果你是一位小学校长，有老师向你汇报说有两个小朋友打架，你问的第一个问题会是什么？

解析：

（1）如果你问的第一个问题是：他们为什么打架？处理的怎么样？打架的事情为什么还在学校里发生？你这个老师为什么还不去处理？为什么还在这里？——有这些闪念的人显然更加关注事。

（2）如果你问的第一个问题是：小朋友有没有受伤？家长什么反映？其他小朋友什么感觉？——有这些想法的人说明更加关注人。

2. 第二个维度："直接—间接维度"

第二个维度，看这个人做事是比较快和主动的，还是比较慢和被动的？

同样，做个小测试测一下就知道了。

【经典小测试：测试一下你是直接 or 间接？】

情景：

如果你是律所主任或者团队 leader，某个律师助理工作表现不好，你打算好好和他谈一谈，你打算怎样和他沟通？

解析：

（1）第一种谈法，很主动，单刀直入：案子怎么办的？当事人怎么维护的？这点事都解决不好怎么当律师？——比较直接（快）。

（2）第二种谈法，相对委婉被动：我记得你刚来律所的时候是我负责招聘你的，你那时候穿了件白色衬衣，衬衣真的很白。上周律所团建，我们去唱卡啦 OK 时，听你唱完我才知道什么叫"小刘德华"，昨天我们开了复盘会，我发现你有了很大的改变，但是我们又不知道你的改变是什么原因。基于对你的关心、爱护、帮助你快速成长的目的和初衷，能不能和我说说你最近发生了什么？——比较间接（慢）。

在分析了这个维度之后，那么问题来了：和对方交流时到底是直接好还是间接好？是单刀直入好还是委婉迂回好？

答案是不一定，我们在沟通交流时要转变一个思维就是：不要用我们自己喜欢的方式去和别人交流，要调整好自己，用别人习惯接受的方式去和别人交流。

也就是说，在沟通交流的时候要从他人的角度出发。如果对方是一个很直接的人，你最好反应迅速、直接主动一点；如果对方是一个很善于思考，很慢热的人，你就要相对委婉被动一点。

（三）DISC 矩阵

根据一个人到底是任务导向，还是人际导向，做事行动快，还是行动慢两个维度，可以把人的行为风格分为 DISC 四个象限，形成了 DISC 矩阵。

DISC 矩阵中任务导向且做事比较快的是 D 特质；人际导向且做事比较快的是 I 特质；人际导向且做事比较慢的是 S 特质；任务导向且做事比较慢的是 C 特质。

这里面需要强调的有两点。

1. 非绝对划分

我们人为地把行为风格做界定，不代表一个人身上只有 D、只有 I、只有 S、只有 C。其实，经过专业测试之后，我们每个人身上都同时具备 DISC 四种特质的性格，只是不同特征有强弱之分，有主特性和辅特性而已。

每个人身上都有 DISC 特质，只是比例不同。所以我们说一个人 D 特质很高，只能说他的 D 特质相对其他特质比较突出，不代表没有其他特质。

2. 无高低优劣

DISC 只是性格特点，本身没有好坏对错之分。

（四）DISC 的特质分析

1. D ——指挥者

D 特质的人，注意力集中、目标坚定、使命必达。做事积极主动、重视成果，视工作为第一要务。D 特质的人能力大多很强，能同时兼顾很多事情，说话时比较严肃，会让人感到咄咄逼人。说的话中包含的是强烈的声明而不是询问。

D 特质的人在组织中往往有极强的存在感，他们喜欢挑战，很强势，面对压力越战越勇；他们表达直接，喜欢做决定、发号施令，很权威。对于 D 特质的人来说，小事无所谓，大事全要听他的，天生具有领导能力。

D 特质的人处理压力的方式是继续做事，他们会强迫自己忽略情绪而专注在事情上。看起来不记仇，但不代表没有感觉。虽然 D 特质的人会管理自己的情绪，尽量告诉自己不要因为对某人的讨厌而影响工作，但事实上，这样被压制下来的情绪会积攒，不知什么时候就会演变成莫名其妙的无名怒火。

D特质人平常的行为表现为：脾气急、不愿意等待、动作快、语速快、走路快、表情严肃、很注重外部形象，服装的颜色款式较为保守。他们常用的口头语多为"你应该""你必须"等。

2. I——影响者

I特质的人爱发现新东西，情绪变化很大，来去如风。动作夸张、表情丰富活泼。衣着鲜艳，喜欢装饰，说话幽默，富有创意。在语言表达方面，他们语调轻快、抑扬顿挫、很有亲和力，即便是面对陌生人也会让对方感觉好似多年不见的老朋友。

I特质的人常用的口头语会非常感性，经常用诸如"我觉得""我感觉""是最好的"之类的词来表达。因为对时尚敏感，所以他们的着装比较前卫、大胆，他们敢于尝试各种鲜艳、另类的颜色，喜欢各种饰品。

I特质的人在出场时动静都很大，人未至，声已到，而且多半是笑声，对于I特质的的人来说，笑是他们应对一切变数的常用方法之一。I特质的人心态阳光乐观，总是有很多朋友，信奉"你对别人好，别人自然就会对你好"。

I特质的人应对压力的方式倾向于逃避，他们会用一些很戏剧化的方式去转移自己的压力感，如突然哈哈大笑、突然拍桌子、挪板凳甚至跑出会议室。他们直面冲突的方式是用更恶毒的方式（大部分时候是语言）还击。

3. S ——支持者

S 特质的人在装扮上最大的特点就是"没有特点",他们力求自己和多数人保持一致。他们友善亲切、个性随和、有耐心、合作性强，喜欢团队中的归属感。他们是很好的倾听者，不容易反抗，服从性佳，期待和需要别人对他的关注。

由于关注人的感受，在处事原则上，S 特质的人通常表现得犹豫不决，主观意识不明显，喜欢团队做决策，而自己并不喜欢做决策。他们重过程、关注细节，喜欢按部就班地做事，对品牌有很强的忠诚度。

乐于助人是 S 特质的人另外一个讨人喜欢的特质，但是这种看上去毫无个性的个性，却容易被人视为软弱无能，从而导致别人对他们的轻视。当别人轻视他们时，他们会默默忍受，他们不是没有情绪，而是没有要表露出来的意思。

S 特质人的口头禅经常是"对不起"，他们会尽量避免和他人产生矛盾和冲突，宁愿自己吃点小亏，也要避免纠纷。同时不喜欢突发事件，不愿意应对冲突和改变，不爱冒险，做事较慢条斯理，希望想一想或是考虑一下再做决定。

4. C ——思考者

C 特质的人喜欢简单整洁的外观，很少戴装饰品，如耳环、项链、戒指等。他们注重头发的打理，一般会带一个硕大的眼镜，随身带着文件夹。一般来说他们表情紧张严肃、不苟言笑。他们喜欢追求完美，对自己和别人的要求都很高。

C 型人做事井井有条，独立性强，强调流程、分析和程序的重要，尽忠职守，讲分寸；不太热衷人际交往，有时对自己的想法较固执，不喜欢被批评；凡事都定高标准并讲求细节，有完美主义倾向；较被动、谨慎、自制，几乎无情绪反应。

C 特质的人不喜欢表现得直接且热情的人，也不大喜欢和别人有身体的接触。如果是阔别已久的老朋友见面，I 特质的人会大喊"有朋自远方来，不亦乐乎"，并且飞奔过去抱成一团。而 C 型人不同，就是心里面再高兴，也只是会握一下对方的手说"见到你很高兴"。

C 特质的人重视效率、逻辑严谨、渴望零误差，强调优先级及执行步调。最理性、重工作胜于人际关系的营造。虽然 C 特质的人看起来有些冷漠，他们的朋友圈相对于 I 特质和 S 特质的人会小一些，但 C 特质的人一旦和你建立了朋友关系也会非常稳固。

二、客户——运用 DISC 理论和客户沟通

很多青年律师经常会感到困惑：为什么客户一直拒绝和我见面？我该怎样和形形色色的当事人沟通？为什么这个客户没什么问题而就是不能达成有效委托？我丢了这个优质客户，却不知道是怎么回事。

作为律师，如果能把律师的工作场景和 DISC 行为模式结合在一起，可以帮助律师了解客户的特性，以正确解读他们的行为和话语中传达出的信息。

（一）D 特质客户

D 特质的客户大多比较成功，有一定的经济基础。所

以，一般来说，D 特质客户是比较难约到的，除非能用一句话打动他，说明你的法律服务产品或服务方案对他们非常有效。

D 特质客户体现出来的最大特点是，快速决策，不喜欢浪费时间，注重事情的结果，借用葛优在《不见不散》里的台词："老实点、少废话。"

和 D 特质客户沟通起来比较有效的方法是以下两种。

1. 给他结果，而且简单快速

D 特质客户最喜欢做的是选择题和判断题，例如，我们在和 D 特质客户交流时最好简单开场，三个方案让他选择一个；还可以给 D 特质客户提供一套最佳方案，问他行还是不行。

想像一下，如果没有用选择题和判断题，而是用问答题，特别是在你做了很多冗长的陈述和解释后，重点就不够清晰，而 D 特质客户没那么多耐心听，他要听重点，更注重的是结果。

2. 两个建议防止 D 特质客户快速抉择

D 特质客户在判断简单的案情、做简单判断的时候，会速度很快。但是依照 D 特质的个性，哪怕案情复杂，他下判断、做决定的速度依然很快。

有时他会不听律师详细分析案情的利弊，自己还没有完全理解，或者在未来有可能发生的结果会超出他的预期时，他下的判断也会非常快，这是有风险的。反过来，如果这个案件结果和他的逾期相悖，官司输了或者没有和他的想法一致他照样会不满意，因为这套方案是你提供的信息。

所以，如果遇到 D 特质客户，在时间紧、压力大、案件复杂的情况下，要特别留意沟通方式。如果你喋喋不休地讲，他会还没等你说完就打断你，先你一步下了决定，基本上就很难再拉回来。那么这个时候怎么和 D 特质客户沟通呢？我有两个建议。

第一个建议是打预防针。我们可以这么说："这个案件有点复杂，我先给您分析完，您再给我反馈。"因为你已经打了预防针，所以客户他也觉得要听完，但是你不能讲太久，因为 D 特质客户很注重时间和效率，最好列明重点。

第二个建议是换一个沟通方式，有条件的话最好当面沟通，不要通过电话沟通。因为电话沟通更容易被 D 特质客户打断，所以可以用书面、邮件、微信、短信等多种形式。也可以把它打印出来，让客户看完再提出意见。当然文字也不要写的过多，即使写的内容过多，也要用不同颜色、不同字体标出重点。

（二）I 特质客户

I 特质客户比较关注人的感受，热心乐观并且喜爱新鲜事物，所以 I 特质客户一般来说都比较外向。在向 I 特质客户介绍法律服务产品或服务时最好突出品牌性、创新性，如果有和其他律所不一样的有趣的地方会更容易吸引 I 特质客户的注意力。

1. 热情回应，抓住机会赞美他

I 特质和 D 特质不同，他们活泼和善，最容易引发的负面情绪在于对你为人处事方式的非议，而不在于你的事情有没有做好。

面对 I 特质客户，一旦你的回应不到位，他可能马上会对你嗤之以鼻。所以，对于 I 特质客户，要比对待一般客户更加热情，微笑是必备的，"您好"的音调最好提高 4 度，给予他更多注视的目光。

由于 I 特质客户比较喜欢得到别人的赞赏和肯定，所以随时称赞 I 特质客户会更容易形成委托，营造良好的沟通交流氛围。

2. 强调感受、让 I 特质客户感同身受

I 特质客户相对比较情绪化，他们很喜欢个性化、差异化的服务。在介绍法律服务产品或法律服务方案时，要用语言描绘各种方案中可能会出现的场景，让 I 特质客户在头脑中呈现出鲜明的画面。

I 特质客户性格直率、情绪起伏大。所以一但案件进展偏离预期，一定要先打电话过去立即沟通，如果他们心中有情绪，就让他们宣泄心中的焦虑和不安。在这个时候，不需要过多解释，只要保持温暖的笑容和关心的话语就可以了。

(三) S 特质客户

S 特质客户不太会拒绝人，所以比较容易接触和交流。无论通过哪种沟通方式，S 特质客户都会语速适中平和，十分友善。面对他们时，要体会 S 特质客户的耐心，让他明白案件的整个过程应该如何进行就好。

S 特质客户的特征是非情绪化的，他们的语气通常是关怀的、谦和的，用的都是可以商量的语气，如"也许""是不是可以"等。而不是 D 特质客户的"你必须""你应该"。

S 特质客户做事较慢条斯理，希望想一想或是考虑一下再做决定。当他们说"我回去考虑一下"对他们来说是性格使然，而不是借口。作为目标客户或潜在客户，律师要适时跟踪，因为 S 特质客户的性格特征是慢，所以要为促成委托而加速。

一般来说，S 特质客户不会有太多异议，要注意的就是多通过各种交流工具和他们及时保持联系，安抚 S 特质客户的情绪，见面交流时多表达理解、关怀、包容、感谢他对律师工作的支持。

（四）C 特质客户

C 特质客户非常理性，声音语调平和并且语言简练，因此他们会给人冷面小生的感觉。在最初接触 C 特质客户时，最好不要轻易赞美对方，这会让他产生戒心、反感，进而直接拒绝我们。

在向 C 特质客户介绍法律服务产品或方案时，要避免使用形容词、修饰语、不确定的字眼，不要太兴奋和热情。因此，给 C 特质客户提供大数据、可视化的多套方案对比是极好的。如果有书面材料给他看，最好整齐美观，并用更加专业的证据来做辅助说明。

C 特质客户的悲观是习惯性的，悲观是一把"双刃剑"，因为 C 的倾向性就是关注负面，打算好最坏的结果。我们律师要做的就是，提醒他换一个角度去思考，在给他分析好最坏结果的同时，引导他把力气放在方案上。

三、法官——如何运用 DISC 理论与法官沟通

前文分析了 DISC 各种特质客户的特点，也分析了针对不同特质的客户该如何与他们沟通。那么对于诉讼律师来说，可不可以灵活运用 DISC 理论与法官进行良性的沟通交流呢？答案当然是肯定的。

我在刚刚做专职律师时，只尝试用一种方式与各种性格的法官沟通，那就是："直接说重点、分点分层有逻辑地阐述"。后来，在研究了 DISC 行为风格之后，我发现每一个法官也都有不同的性格特质，体现了不同的行为风格。如果能在短时间内判断出主办法官的性格特质，就会相对轻松地得到法官的注意力，有利于自己所代理的诉讼案件得以顺利进行。

（一）与 D 特质法官交流的基本原则

1. 结论先行

D 特质法官的反应速度是相当快的，以至于当我们讲前半句时，他已经知道后半句要说什么了。如果我们向 D 特质法官陈述案情、表明诉讼观点、提出调解方案时，最佳的方法是：先说结论，高度概括重点，之后再分要点依次说明。

这时，不妨再加一句："如果还有什么疑问或者还需要了解什么细节，我和我当事人可以随时再做补充。"这种陈述方式，对于 D 特质法官而言，既简单明了，也便于法官做决策，对于律师来说，也有利于探明法官关注的重点。

2. 避免挑战 D 特质法官的权威

D 特质的法官不喜欢别人挑战他的权威，时间观念相对较强，习惯多线程处理待办事务，只要是案件上的事，D 特质法官会随时欢迎律师找他高效地沟通。

因此，当我们和 D 特质法官沟通时，应当展现律师的职业素养，遵守时间、谦逊有礼、不卑不亢。

3. 婉转地提醒错误或建议

下面有两段话的说法，如果你是 D 特质的法官，你会觉得哪种说法更好呢？

第一种：D 法官，我觉得您说的很有道理，尤其您刚刚提到的……这是我深有同感的一点。同时，从另外一个角度来看……

第二种，D 法官，我觉得您说的很好，但是……

这两种说法的区别在于，第一种用了"尤其"两个字赞许了 D 特质法官的某个论点，让他觉得"不错，你听进去了。"在转折时，用了一个起到转折作用但没那么强烈的词"同时"，而不是"但是"，让 D 特质法官听上去更容易接受。

所以，在向 D 特质的法官提建议时，不妨使用第一种说法。事实上，这样的沟通方式不仅适合那些性格中 D 特质很鲜明的人，同时也适用于我们每一个人。因为，在每一个自尊自强的人心中，都存在 D 特质。

（二）与 I 特质法官沟通交流的原则

1. 强调当事人的真实感受

I 特质的法官亲和力强，相对容易沟通。与 I 特质法官交流的时候，不妨从当事人的感受入手，让他知道当事人会因为他的决策而攸关生死。

2. 主动联系推进案件进展

I 特质的人热情似火，但也容易 3 分钟热度。所以面对 I 特质法官最好经常性地联系他（她），了解案情进展，推进案件进度。

3. 展现差异化

面对 I 特质法官，除了要展现律师的专业度，最好还要展现律师与众不同的差异化，如证据目录的排版、证据内页标号等形式要件，让他（她）眼前一亮。

（三）与 S 型法官沟通交流相处原则

1. 多一两句温暖的话

与 S 特质法官相处其实很简单，只要一两句温暖的话就可以，例如，"谢谢""辛苦了"这些都会让 S 特质法官觉得温暖。

2. 多一些理解和包容

S 特质的法官性格比较温和，我们在和 S 特质法官交流时，最好多为他（她）着想，为他们省事，体谅他们工作量大的难处，如代理意见、答辩意见、证据目录、证据编码要提前做好功课，方便法官庭审时节省时间，提高效率。

3. 以阐述案件背景和事实为主

S 特质法官相对会更加注重案件的背景和发生纠纷的原

因，所以我们除了依据请求权基础进行说理和列举有利证据外，在和法官交流时最好多阐述一下案件的事实和大背景，这样更加有利于 S 特质法官了解案件全貌。

（四）与 C 特质法官沟通交流的原则：

1. 注重逻辑、思维缜密

C 特质法官更注重逻辑、思维缜密、逻辑严谨，所以律师在和他沟通时要比他更思维缜密，更有逻辑，更有结构。请求权基础以及法条的理解适用、案例的大数据检索、证据的整理和证明目的、争议焦点的详细论证都要非常到位。

在和 C 特质法官交流时要据实呈现案情，准确提交数据，严谨、严谨、再严谨。尽量避免"我认为""我觉得""毋庸置疑"等词汇。

2. 依程序办事

C 特质的法官在与人的交往中，往往崇尚"君子之交淡如水"，他不擅于热情地表达自己的情感。在日常的工作中，C 特质的法官会严格按照程序办事，且极易追求完美，不仅对自己要求高，而且对别人要求也高。这些都是 C 特质法官在工作中与人的相处之道。

因此，作为律师，我们自己首先要对自己高标准、严要求，严于律己，依法依程序办事，这样不仅能很顺畅地和 C 特质的法官沟通交流，还能尽展律师的职业魅力。

3. 擅于用比较法

C 特质法官会认为通过比较得出的结论是最接近事实真相的，因此在提供调解方案或解决方案时，最好给 C 特质法官提供多套对比情况，如横向比较、纵向比较、同类型案件类比、最优和最差方案对比等，让他（她）从中作出对比和选择。

另外，在与 C 特质法官交流时可以引导他（她）先说出观点和看法，然后根据他的观点和看法再做补充和扩展，掌握交流时的主动权。

Chapter 8

律师须打造品牌——营销

一、营销——从零打造自己的影响力

律师除了是终身学习者之外，还应该是全能型人才。其中一个重要的能力就是要擅于营销自己，那么何谓营销呢？

菲利普·科特勒在《营销管理》一书中，对营销的定义是："营销就是在适当的时间、适当的地方以适当的价格、适当的信息沟通和促销手段，向适当的消费者提供适当的产品和服务的过程。"也就是要以最快的速度营造自己、创造价值、制造卖点、建立关系、实现销售。

因此，律师若想让客户为我们的法律服务买单，在提升自我的专业素养外，还要会适度地包装自己，会通过各种平台和途径宣传自己。

有数据显示，截至 2017 年 6 月，中国执业律师人数已达到 34 万人。随着每年通过司法考试的法学人才越来越多，进军律师业的人数也会节节攀升，在机遇与挑战并存的时代，律师行业的竞争恐怕会越来越激烈。

像魔咒一样的"二八定律"在律师业也发挥着神一般的功效。从客户资源和案件来源上来看，20% 的律师掌握着 80% 的资源、财富和机会，这说明律师行业的竞争格局既已形成，则必然激烈。律师行业的这种竞争，仿佛已经超越了专业本身，已经延伸到专业能力以外更为广阔的领域。

2017年，"无讼"面向500位律师做过问卷调研，调研结果显示出在律师执业发展所遇到的瓶颈中，排名前三分别为品牌及业务推广不足、业务能力有待提升、案源不足。

这份有价值的问卷调研报告给青年律师带来一个信息：品牌建设、业务推广、案源开拓、业务提升是我们亟待解决的问题。这些青年律师普遍会遇到的问题，谁能"破冰"并迅速找到解决途径，谁就抢占了先机。

律师营销就是为了让当事人方便地找到合适的律师，解决实际问题；让律师获得更多的案源，实现自身价值；并在诉讼业务中追求个案公正，实现社会的公平正义，在非诉业务中用最少的投入达到客户最满意的效果。

律师营销的评判标准对律师个人来说，必须最多在半年至一年内解决自己的生存问题，并获得继续发展业务的支撑。这是个硬指标，否则律师营销就没有存在的价值和意义。

对于青年律师来说，不管从事的是诉讼业务，还是非诉讼业务，我们所提供的法律服务都是为了满足客户的需求。然而，我们面临的问题，除了要有能够满足客户需求的产品外，还要面对如何让客户知道我们、了解我们、找到我们、信任我们并委托我们的困惑。

（一）律师营销的特点

（1）从法律服务市场的需求来看，社会对法律服务需求包括：正需求、上升需求、潜在需求、不规则需求，同时还夹杂着有害需求或不恰当需求。需求从总体上呈现出上升的趋势，而且潜在的需求市场依然很大，目前表现出来的需求仅仅是冰山一角。

（2）从营销观念的导向上看，律师的营销应以全面营销和社会营销的导向为基础，而不能仅仅以推销的观念为导向。

（3）从营销的战略上看，律师事务所或律师首先必须有明确并始终坚守如一的价值导向、理念或文化主线，这才能成为一个有灵魂的律师事务所或一个有灵魂的律师。在此基础上从细分的市场中寻找符合自己价值观和理念的目标市场，并以此作为营销的突破口或新的发展点。

（4）从营销的战术上看，必须选择一个专业领域或服务产品作为营销载体，并以"无处不营销"作为指导思想，采取一切行之有效的方法，以最快的速度与目标市场建立最广泛的联系。因此，专业的营销队伍是必不可少的投资。

（5）从行为模式和思维模式的角度看，律师事务所和律师要从单纯的业务索取型向价值贡献型转变，与其守株待兔不如主动寻找市场，通俗地说就是"等待不如寻找"，在对社会的贡献中获得生存和发展的机会。

（6）从投资的角度看，律师已经不是一个可以坐而论道的职业，而是一个需要投资的职业，而且要把营销当作长期的投资来对待，那种小农经济的意识已经不适合律师业现在的竞争和发展需求了。

（7）从市场规律和营销法则来看，营销必须以人为本，对社会对客户尤其是对社会的弱势群体给予必要的人文关怀，并结合自身的实际情况以适当的价格、适当的信息沟通和促销手段，向适当的目标群体提供适当的法律服务。

（8）从自身发展需求看，营销就是通过重新定义价值系统，针对特定的目标市场，制造与竞争对手有显著不同的差异化服务，改变传统资源和财富自然的积累模式，从而通过营销手段获得竞争优势，从市场中快速抽取资源以最快的速度获得生存和发展的空间。也就是以最快的速度营造自己、创造价值、制造卖点、建立关系、实现销售。

在此还要说明，由于律师营销从整体上讲还处于起步阶段，所以律师营销不排斥推销，它既不绝对否定"有什么就卖什么"，也不完全赞同"客户需要什么就提供什么"，一切都需要在特定的价值系统和市场定位中来衡量。

总之，对青年律师来说，律师营销的评判标准是：必须在最短的时间内解决自己的生存问题并获得持续发展业务的支持。这是个硬指标，否则律师营销就没有存在的价值和意义。

（二）律师营销的必要性

说到这里，可能还是会有不同观点认为：律师不需要会营销。但是，正如著名律师吕良彪说的那样："律师作为法律人、政治人与市场人的统一体，在社会资源有限的环境下，需要通过营销才可能赢得市场、社会和业内的认可，才可能生存发展。"

随着社会生活的日趋复杂所呈现出的多样性，青年律师会面临行业内越来越大的竞争压力，同时还要承受着来自行业外的竞争压力。一方面，生存的空间在不断地被来自行业外的力量挤压，如专业中介服务公司抢占相关法律业务、非律师从事法律服务业务；另一方面，行业内部规模化、专业化垄断的竞争压力，如具有少数强势地位的律师垄断、区域外和海外律师的冲击等，这等于把80%的律师被挤压到20%的业务空间内展开肉搏战。

高端业务的竞争集中在大客户、大业务、大案件上，竞争越来越依赖专业化、规模化的方法以及各种社会资源的整合能力上，而在低端业务、传统业务中低价竞争的趋势也越来越明显，价格战似乎一触即发。总的来说，竞争不是导致成本的加大就是导致收费的降低，这也意味着律师业的风险也将越来越大。这也是导致很多青年律师望而止步，从而退出律师业的原因。没有案源，律师就要喝西北风，因此若想获得案源案件，律师就要进行营销。

（三）律师营销的业绩

对于青年律师而言，提升律师业绩是律师营销的根本目的。想要提升律师业绩，就必须知道什么因素在决定着律师业绩。

我在张健老师的微信公众号看到一个经典的律师业绩公式：律师业绩＝成交量×成交单价＝（来访量×成交率）×成交单价。

由此看出，来访量、成交率和成交单价，从一定意义上决定了多数律师的业绩。

1. 名词一：来访量

公式中的来访量主要受营销渠道影响。菲利普·科特勒对于营销渠道的定义是商品和服务从生产者向消费者转移过程的具体通道或路径。简单说，就是律师的法律服务产品通过何种路径传播到客户那里。并且，潜在客户获取的必须是他可能需求的那类信息，如劳动争议解决专家、家事法律问题专家这样的信息。这样，他们才能在需要的时候找到你。

多数人所理解的扩大营销渠道的方法就是做广告，传统的发名片、登门拜访等，其实这只是狭义上的理解。实际上，营销的方式多种多样，并且要根据律师自身的条件设置合适的营销渠道。我目睹过在医院各大病房"拉单子"的销售型律师，也见过坐在电脑前敲打着键盘就能唤来客户的文案型律师。对于拉拢客户，没有正确的方式。只要你的营销渠道能够增加你和潜在客户的接触，并强化你的优势，这种营销渠道就是适合你的。

2. 名词二：成交率

成交率就是单位时间内，律师能与多少潜在客户实现成交。在这个公式中，我们可以看出，在来访量和成交单价不变的情况下，如果律师通过努力，让客户感到满意，从而只提升了成交率，律师业绩还是会实现倍数增加的。因此，成交率是分析律师服务态度、服务能力的晴雨表。

我在"律师须健谈——谈判"一章已经讲过，谈判是律师达成目标的必要手段。谈判能力可以说是律师的生命力，一个不善谈判的律师不可能为客户争取最大利益，更不懂得高效地与潜在客户达成合作！

除了谈判能力，成交率还与很多因素有关，如资源等。

3. 名词三：成交单价

周丽霞老师在 iCourt 讲授谈判课时提及律师谈判的意义：
"让专业的律师掌握高效的定价策略和谈价技巧，让他们的才
华、能力以及高水平的服务获得相匹配的价值回报。"就前半
句来说，虽然律师有自己的定价策略和谈判技巧，但是实务
中，往往是同样一个案件有着多种的收费标准。也就是说，不
同的律师有不同的收费标准。

就后半句来说，周丽霞老师提及的律师才华、能力以及高
水平的服务，也正在于此，我觉得这是决定律师成交单价的关
键性因素。诚然，律师向客户显示自己的收费标准，但站在客
户的角度，也在观察律师是否能够提供优质服务的潜在能力以
决定是否接受律师的收费，因此青年律师要从加强学习深度、
提升服务水平。

（四）律师营销的威力

我们先来看一个情景案例。赵律师是执业年限不久的青年
律师，三年前创收只有 10 万元左右。后来，他看到本所同事
做网络推广赚了钱，于是他也尝试去做。其业绩如下：第一年
通过搜索引擎创收约 18 万元；第二年共创收约 25 万元，第三
年共创收约 50 万元；第四年创收 120 多万元。

我们看到这个案例中，赵律师从第三年起，创收已经开始
呈指数级增长。在四年的营销过程中，赵律师的营销渠道似乎
并没有多大变化，仅仅是传统推介和网络传播，那创收为何会
发生如此大的变化呢？

仔细分析，我们会发现，尽管营销渠道的宽窄问题可能带

来单一的客户，但是赵律师在对客户服务后，由于客户服务体验的增加，便立刻成为推荐客户，继续帮助律师介绍案源，如此，竟发生了经济学中的"复利效应"。

有的律师觉得营销这件事和自己没关系，有的觉得律师营销是件很"low"的事情，还有的律师虽然觉得营销很重要，但是并不知道如何有效运用营销手段获取案源。上面案例中的赵律师就是擅于运用网络营销，并让客户体验到了良好的法律服务，从而获得了较为理想的业绩。

因此，结合《2017年律师执业瓶颈调研》的大数据统计，青年律师能否有效运用营销手段进行品牌及业务推广，是走向成功的必经之路，是律师能否突破执业瓶颈的关键节点。

二、建议——青年律师树立个人品牌的五个建议

众所周知，在自媒体的时代下，建立个人品牌是大势所趋。越来越多人通过深耕优势技能、精深内容挖掘，把自己塑造成既有美誉度，又有商业价值的个人品牌。

个人品牌是自我宣传的手段之一，可以让更多的人对律师有更加良好和精准的印象。个人品牌就像我们的无形名片，可以在客户、在同行、在法官面前展现更加全面立体的律师形象。

青年律师塑造个人品牌也极为必要，那么青年律师该如何打造自己的个人品牌呢？下面我将从我自己的感悟出发，谈谈青年律师打造个人品牌的五个建议。

（一）建议一：做好定位

《定位》这本书虽然是营销类的书籍，但律师也非常有必要一读。

在执业领域的选择上，青年律师要给自己一个定位。虽然现在万金油律师仍不在少数，而且也确有市场，但未来的律师职业发展趋势必然是走专业化的道路。少即是多、把力量集中在一个领域上才会更加精专。

1. 确定专业领域

作为律师，是选择诉讼还是非诉？是做民商事、刑事案件还是知产、建设工程案件？在执业后二到三年最好有个清晰的定位。

2. 让自己的长板更长

以前的"木桶原理"早已过时，时下更为流行的说法叫"长板理论"。当你在某一个专业领域非常有特长，无论是自己的个人成长还是团队的协作，都再也没必要取长补短，而应该大胆地扬长避短，让自己的长板更长才会体现自己的价值。

3. 要突出差异化

差异化、独特性是建立个人品牌过程中最重要的一环。没有个性的品牌就好比是一潭死水，你所要建立的品牌必须独树一帜、独一无二，不可人云亦云、切忌跟风。

所以，要根据自己的优势长板，以突出差异化为亮点，在确定了的专业领域中深耕到业内第一。

（二）建议二：设定标签

譬如某事务所在简介中有这样两个标签：一是致力于成为

中国高端民商事争议最佳解决方案的提供者；二是擅长处理重大疑难民商事二审和再审案件。

如类似"高端""重大疑难""民商事""二审""再审"等关键词，很容易给当事人留下深刻的印象。可以说，在标签设定上从律所的角度给我们提供了一个很好的例证。

被业内誉为"票据刘"的某律师，在自我介绍中是这样给自己设定标签的："全国票据争议解决与危机化解中心首席专家""互联网＋法律＋金融＋众筹商业模式创始人""中国首家众筹制律所主任"。虽然票据方面的法律事务看似很小众，但他却做得精专，"票据刘"的标签让他全国有名。

（三）建议三：形象品味

1. 形象照

作为律师，拍摄一张职业的形象照尤为必要。在拍形象照时对于衣服的款式、颜色、拍照的姿势都有必要注意。

2. 衣着举止

我见过男律师无论天气多热都穿着西装，作为女律师我也体验过无论天气多冷也光腿穿丝袜。这并非刻意，而是注重律师形象的一种态度。

3. 个人用品

个人用品的选择和使用上最好体现个人品味，大到汽车，小到笔记本电脑、钢笔、手表、公文包等都会向当事人展现律师的实力和品质。

（四）建议四：卡位宣传

对于青年律师而言，现在这个时代更加有必要对外宣传，正所谓：酒香也怕巷子深。而卡位指的是要尽可能多的在各种互联网平台上注册并保持名字、简介、宣传照的一致性。

以我个人为例，我在无讼、知乎等平台都有自己的主页，另外无论是在社交软件还是其他宣传主页，我都尽可能保持自己专业律师的形象，通过一系列平台将我们的简介、所擅长的领域、研究的方向、所写的书籍建设为立体化的联动。

（五）建议五：专业实力

正如最近比较火爆的《人民的名义》中达康书记说的那样：打铁还需自身硬。做律师也一样，再广泛的宣传也都是锦上添花，最重要还是要回归到专业实力。

当然，青年律师在能说、会写方面的基本功会助力律师事业的长远发展。

所以，打造个人品牌现在不再是可有可无的选择题，而已经成为一门必修课。对于律师而言更是如此，正所谓时不我待，特别是青年律师更应该把握好互联网、自媒体的风口和时机，在精专律师业务的同时，包装自己、宣传自己，打造我们自己的个人品牌。

三、方式——拓展案源的几种方式

（一）拓展案源的步骤

1. 传统获取案源的弊端

2017 年无讼推出的《青年律师发展的瓶颈和路径》大数据中表明："律师获取客户的传统途径是通过身边的资源，而忽略自己开发及拓展，后者需要律师对于客户行业、业务领域有更多定位和投入。市场已经成为律师之间的最大竞争，而能在垂直行业下进行专业化发展，必定会成为律师发展的新路径。"

从传统获取案源的渠道上来说，一般包括律所地理位置优越（距离法院、检察院、看守所较近）、熟人介绍（亲戚、朋友、同学、老乡、客户推荐）、传统媒体宣传（报纸、广播、电视）、出书、为客户讲课等；

随着互联网的不断发展，百度竞价排名、法律垂直类网站打广告、写博客、发微博、建微信公众号写专业文章、知乎、在行、喜马拉雅、千聊、小鹅通甚至快手、抖音也俨然成为律师进行品牌推广的主要方式。

网络营销和新媒体营销作为新时代律师营销的利器，其决定了律师营销的多元化发展，这必定是律师突破传统狭窄的推广方式的新选择。

2. 明确拓展案源的市场定位

青年律师要给自己一个定位，尤其要对自己在专业领域、特长优势等方面有清晰的认知。哪方面是你行而别人不行的，哪方面是你想要争取做到最好的，都要有一个明确的定位。例如，我是民商事诉讼律师，那么就要一直在市场上强化我做民商事诉讼是最专业的，至少在特定的范围内这样定位。

3. 选择适当的拓展案源方式

选择适当的广告是门艺术，也是律师营销最难应对的环节。其实任何客户能够看到的地方，都有我们应当充分利用的广告资源，都需要进行有效处理。

律师营销即为拓展案源，如何高效地拓展案源，是我们今天要讨论的话题。现在我要说说对我影响深刻的人际关系"结构洞"理论，成甲老师曾在《好好学习》中提及。

美国芝加哥大学有一名社会学教授叫罗纳德·博特，他提出了一个"结构洞"概念，先看看作者的定义：结构洞是指两个关系人之间的非重复关系。结构洞是一个缓冲器，相当于电线线路中的绝缘器。彼此之间存在结构洞的两个关系人向网络贡献的利益是可累加的，而非重叠的。

通俗理解就是，相同律师业务圈子的人认识的人差不多，聊的话题也比较接近，都是有关同一种类型的法律纠纷、立法规定等等。这种关系可以称为"重复关系"。

在重复关系中，朋友圈中的信息是自己比较关心的信息，但这些信息我们通过相同的渠道也能获取，所以这些信息对我们来说是重复的。从这个角度来说，如果你的家人、相同圈子的人每天分享的信息都是八卦、新闻、鸡汤，那么只能说明你自己对这些也感兴趣。

而对于熟悉的陌生人，你们虽然相互加了微信，但你和他生活在不同的圈子里，彼此的朋友也不一样。如我是律师，但我的客户中可能有医生、建筑师、媒体人，我们彼此的朋友、聊的话题都不一致，我们之间是"非重复关系"，存在结构洞。

如果你能不断打造和拥有结构洞，就能极大提高获取信息的效率，从而让自己占据信息获取的优势。要知道，在这个世界上，信息和财富一样，从来不会均匀地传播。

对于青年律师，找到高效且多元的营销方式并坚持地做下去，事半功倍。

（一）让你成为人群中心——讲座

讲座是律师营销最有效的工具之一。因为，讲座能使你与那些对你所讲内容感兴趣的人面对面交流。在讲座上，潜在客户可以就他们特殊的情况进行咨询。在很多情况下，那些有意采用你服务的人，会在讲座后留下来，与你一对一地谈话。

组织这类讲座、研讨会时，要注意一些准备工作。不要等潜在客户已经参加你的研讨会时，才准备你的有关信息。目标客户参加你的研讨会，来听你的讲座，前提是你足够吸引他。因此，为了提高你的可信度并吸引更多的研讨会听众，你要在你的研讨会之前，就把你的相关信息提供给你的潜在客户。

（二）让客户记得你——报纸及杂志广告

报纸及杂志广告，虽然是个倍受争议的推广方法，但你可以用来征集讲座的参加者。笔者不建议律师直接做业务广告，如"某某律师专办疑难案件"等，那些做过类似广告的律师，应当已经明白这是无效的行为，而且可能降低律师的形象。但是如果你准备搞一个讲座或者一个研讨会，那么刊登广告来邀请与会者，这是没有问题的。而且，即便那些没有参加你活动的目标客户，当他们在广告上看到的不是你的自卖自夸，而是与众不同地举办一个时尚而深刻的研讨活动，他可能已经对你刮目相看，印象深刻了。

（三）让客户能读懂你的专业——出版或发表文章

要想在你的专业领域享有专家的美称，出版或发表文章是一个极好的方法。

你不需要发表法律评论。例如，类似"保护你的资产不受财产税的困扰"这样的文章，在发行物上总是很受欢迎。这些文章可以根据你的个人知识来写，不需要调查研究。你只用几个小时写完，然后就可以在各种出版物上发表。

发表文章要像演讲一样，先写几个提纲，收集各种刊物，阅读相关文章，了解读者的口味和他们喜欢的话题。

我看过许多中国律师在报纸上发表的文章，大多是"以案说法"。但写得实在很枯燥，大多是甲方与乙方之类的开头，让人读不下去。读者之所以喜欢案例，是因为生动的案例可以让他们理解晦涩的法律，但如果你把案例写得跟法律一样晦涩，就不要指望潜在客户关注你的文章。

选择发表文章的媒体，要选择那些你的客户和委托人可能会读的刊物。你可以根据潜在客户的职业或行业，来判断和了解这些客户都在接触哪些媒体。到这些客户经常会看到或听到的媒体上发表文章或评论，不仅会增加关注度和曝光率，还会达到事半功倍的效果。

（四）让他人助你一臂之力——媒体平台

不管是广播，还是电视，都已经被证明是一个非常有力的宣传方法，可以吸引大量的咨询来电。作为律师，如果不会和媒体打交道，仅凭自己的社交能力则很难成为大牌律师。律师要善于和媒体打交道，利用媒体的宣传平台来营销自己，如担任媒体的法律顾问，担任电视台、电台、报纸、杂志和网站的法律顾问，借助媒体的优势成就自己；主动接受媒体的采访，针对某一法制事件发表自己的观点，通过媒体的传播给自己造势。

（五）让客户最先看到你——搜索引擎

搜索引擎是青年律师进行网络营销的一个有效工具。高效的站内检索可以让潜在客户快速准确地找到目标信息，从而更有效地促进法律产品、律师服务的达成。

搜索引擎营销的基本思路是让访客发现信息，并通过点击进网站或网页进一步了解他所需要的信息。一般认为，搜索引擎优化设计的主要目标有两个层次：被搜索引擎收录和在搜索结果中排名靠前。这已经是常识问题，多数网络营销人员和专业服务商对搜索引擎的目标设定也基本处于这个水平。

但从目前的实际情况来看，仅仅做到被搜索引擎收录并且在搜索结果中排名靠前还很不够，因为取得这样的效果实际上并不一定能增加访客的点击率，更不能保证将访问者转化为顾客或者潜在顾客，因此只能说是搜索引擎营销策略中两个最基本的目标。

目前，市场上的搜索引擎营销主要是竞价排名（如百度竞价）、分类目录登录、搜索引擎登录、付费搜索引擎广告、关键词广告等。

利用搜索引擎营销可以实现四个层次的营销目标：被搜索引擎收录；在搜索结果中排名靠前；增加访客的点击（点送）率；将浏览者转化为顾客。

在这四个层次中，前三个可以理解为搜索引擎营销的过程，而只有将浏览者转化为顾客才是最终目的。在一般的搜索引擎优化中，通过设计网页标题、META 标签中的描述标签、关键词标签等，通常可以实现前两个初级目标（如果付费登录，当然直接就可以实现这个目标了，甚至不需要考虑网站优化问题）。实现高层次的目标，还需要进一步对搜索引擎进行优化设计，或者说，设计从整体上对搜索引擎友好的网站。

目前搜索引擎营销的常用手段包括：

（1）竞价排名。竞价排名顾名思义就是网站付费后才能出现在搜索结果页面，付费越高者排名越靠前；竞价排名服务，是由客户为自己的网页购买关键字排名，按点击计费的一种服务。客户可以通过调整每次点击付费价格，控制自己在特定关键字搜索结果中的排名；并可以通过设定不同的关键词捕捉到不同类型的的目标访问者。

而在国内最流行的点击付费搜索引擎有百度和搜狗，值得一提的是即使做了 PPC（Pay Per Click，即按照点击收费）付费广告和竞价排名，最好也应该对网站进行搜索引擎优化设计，并将网站登录到各大免费的搜索引擎中。

（2）购买关键词广告。即在搜索结果页面显示广告内容，实现高级定位投放，访客可以根据需要更换关键词，相当于在不同页面轮换投放广告。

（3）搜索引擎优化（SEO）。搜索引擎优化是通过对网站优化设计，使得网站在搜索结果中靠前。搜索引擎优化（SEO）又包括网站内容优化、关键词优化、外部链接优化、内部链接优化、代码优化、图片优化、搜索引擎登录等。

（六）让你的客户了解你——朋友圈

目前，微信已成为青年律师联结客户工作和生活的纽带。

因此，朋友圈就成了非常最重要的自媒体形态，其对受众的决策或多或少都会产生影响。虽然是自己的地盘，但是我们在其中的一字一句、一个表情、一张图片，可能都会成为客户或潜在客户对我们专业能力判断的依据。如果客户想通过朋友圈了解你，管理好朋友圈就非常重要。

若以运营的思路来发朋友圈，其实也是一种内容输出的过程，同样需要遵从以下这三项价值标准，方能达到最佳营销效果。

1. 有趣

有趣，意味着你所发布朋友圈的文案、配图不是平铺直叙、自说自话，而是有一定的故事性或者互动空间；

哪怕是一些专业范畴的感悟、总结，最好也能够以巧妙的角度切入作为引子，然后才开始展开阐述。这里有个技巧，有些事情能够用图片来说明的就上图，尽量减少文字表述，大家不爱看。俗话说得好：一图胜千言。为什么很多姑娘即便说着完全不相干的事情，也要强行配一张自拍？因为很多话说了之后大家不知道怎么接，但图片就容易评论。

当然，更高一筹的做法是图片与文案的相互衔接，打造出一种转折起伏的戏剧效果，或者营造出悬念吸引人参与讨论。

2. 有料

有料，就是要在朋友圈中提供一些有价值的信息。很多人只是内容的消费者，未能参与到生产环节，亦即只能成为别人价值的传播媒介，而没有制造自有价值。这样的朋友圈，清一色都是转发内容，别人看上去什么感觉？味同嚼蜡。

哪怕转发别人的文章，也应该在读完之后，附带上自己的点评、感想。总之就是要对已有内容进行一定程度的提炼加工，将自己原创的东西附加上去，如此才能与众多的转发内容形成区分，展示自己的思考逻辑与专业视角。

除了转发点评，此前看到有人针对自己读过某专项领域的文章进行汇总，每天固定时间坚持更新，吸引了大批同行围观。其实打造有料朋友圈的玩法还有很多，只要知道一个原理：但凡是有价值的东西，必然是投入了一定时间精力之后的产出，只转发、只点赞，是做不到有料的。

去做一个别具一格的朋友圈，你在发每一条状态的时候，都会透露出强烈的个性色彩。不但能够帮助你的消息在好友的朋友圈里博得更多关注与互动，还可能从中匹配出更多志同道合的朋友，乃至将来的合作伙伴。

（七）让你的客户发现你——微博

随着微博的火热，每一个律师都可以在新浪、网易微博上，通过更新自己的微博向网友传播法律服务的信息，树立良好的律师形象，每天通过更新微博和广大粉丝进行交流，就社会感兴趣的社会话题和热点事件发表专业的律师观点，参与到话题讨论，这样就可以达到律师微博营销的目的，这就是我们说的微博营销。

律师微博营销不仅讲究策略，更需注重技巧。

1. 微博的数量不在多而在于精

有的律师在建立微博的时候，一开始没有定位好主题，今天觉得这个网站的微博很不错，就建立了一个微博用户，明天可能会觉得这类主题的微博不错，也建立了一个。律师做微博营销时也要讲究专注，因为一个人精力是有限的，杂乱无章的内容只会浪费时间和精力，所以我们要做精，重拳出击才会取得好的效果。

2. 个性化的名称

一个好的微博名称不仅便于用户记忆，也可以取得不错的搜索流量。我们律师如果建立微博，准备在微博上进行营销，那么可以将律师名称、律师姓名或者个性名称来作为微博的用户名称。

3. 定期更新微博信息

微博平台一般对发布信息频率不太做限制，但对于营销来说，微博的热度和关注度来自微博的可持续话题，我们要不断地制造新的话题并发布与律师业相关信息，才可以吸引目标客户的关注。我们刚发的信息可能很快会被后面的信息覆盖，要想长期吸引客户注意，必定要对微博定期更新，这样才能保证微博的可持续发展。当然，长期更新好的、新颖的话题，还可能被网友转发或评论。同时，还要善于运用法律的角度，对微博上的热点话题进行法律点评和活动转发互动。

4. 善于回复粉丝们的评论

我们要积极查看并回复微博粉丝的评论，被关注的同时也去关注粉丝的动态。既然是互动，那就得相互动起来，有来才会有往。如果你想获取更多评论，就要用积极的态度去对待评论，回复评论也是对粉丝的一种尊重。

参考文献

［1］理查德·谢尔：《沃顿商学院最实用的谈判课》，林民旺、李翠英译，机械工业出版社2013年版。

［2］罗杰·道森：《优势谈判》，重庆出版社2008年版。

［3］迪帕克·马尔霍特拉：《哈佛经典谈判术》，吴奕俊译，浙江人民出版社2015年版。

［4］高杉尚孝：《麦肯锡教我的谈判武器》，程亮译，北京联合出版公司2016年版。

［5］艾·里斯、杰克·特劳特：《定位》，王恩冕译，中国财政经济出版社2002年版。

［6］菲利普·科特勒、凯文·莱恩·凯勒：《营销管理》，梅清豪译，上海人民出版社2006年版。

［7］里斯、杰克·特劳特：《商战》，李正栓、李腾译，机械工业出版社2011年版。

［8］马贺安：《生存与尊严》，法律出版社2016年版。

［9］马克·克雷默、温迪·考尔：《哈佛非虚构写作课》，王宇光译，中国文史出版社2015年版。

［10］布兰登·罗伊尔：《一本小小的红色写作书》，周丽萍译，九州出版社2017年版。

［11］劳拉·布朗：《完全写作指南》，江西人民出版社2017年版。

［12］丽萨·克龙：《你能写出好故事》，秦竞竞译，陕西人民出版社 2014 年版。

［13］高杉俊：《民商法实务精要》，北京大学出版社 2015 年版。

［14］尼尔·布朗：《学会提问》，吴礼敬译，机械工业出版社 2012 年版。

［15］芭芭拉·明托：《金字塔原理》，汪洱、高愉译，南海出版社 2010 年版。

［16］格里高利·曼昆：《经济学原理》，梁小民、梁砾译，北京大学出版社 2009 年版。

［17］史蒂芬·柯维：《高效能人士的七个习惯》，高新勇、王亦兵、葛雪蕾译，中国青年出版社 2010 年版。

［18］彼得·德鲁克：《卓有成效的管理者》，许是祥译，机械工业出版社 2005 年版。

［19］杰夫·戴维森：《1 分钟能做什么》，许志译，新世界出版社 2013 年版。肯尼斯·齐格勒，《每天节省 2 小时》，方颖译，中信出版社 2013 年版。

［20］戴维·迈尔斯：《社会心理学（第 8 版）》，张智勇、乐国安、侯玉波等译，人民邮电出版社 2006 年版。

［21］理查德·格里格、菲利普·津巴多：《心理学与生活》，王垒、王甦等译，人民邮电出版社 2003 年版。

［22］海伦·帕尔默：《九型人格》，徐扬译，华夏出版社 2006 年版。

附录一　高频 Q&A

一棵树的壮大无法成就一片森林，与人而言也一样。对于罗艺律师来说，还有许多青年律师在和她一同成长，成长过程中难免有共同的困惑需要交流。实践证明，最高效的交流形式则是问答互动。莎士比亚曾说，凡是过往，皆为序章。在此附上青年律师们交流频率最高的十个问题以飨读者。虽然尽是已讨论过的问题，但总也希望有朋友能借此汲取养分。

——编者语

● 一　安全感是自己给的

问： 青年律师想"弯道超车，变道超车"，是因为焦虑，缺乏安全感吗？青年律师的安全感从哪里来？我的理解是：安全感来自于"信仰＋技能＋稳定收入"，不知道罗艺律师是如何理解的？

答： 这的确是很多青年律师，也是我自己在执业之初存在的困惑。

1. 焦虑人人有，只是各不同

不可否认，律师这个行业，无论刚刚执业的青年律师还是执业多年经验丰富的资深律师，都属于"自由职业者"。

自由职业者和体制内稳定收入者相对比，缺乏安全感的焦

177

虑是每个律师都不可避免的。我们需要自己争取案源、自己为"五险一金"打算、自己不断地学习谋求职业发展……

在做专职律师之前，我曾在高职院校里有过 11 年的从教经历，事业单位稳定的工资、每年寒暑假、各种保险福利，安逸得不得了。可是，那样就真的有安全感了吗？就真的不焦虑了吗？

曾经我去上海，拜访一位专门做刑事案件的前辈，她说从业十几年来，她仍然不知道下一个案子在哪里，下一个客户是谁，她还需要不断地奋斗进步才不会被 90 后的"小鲜肉"拍死在沙滩上。

你看，焦虑、缺乏安全感并不是青年律师的专属，资深律师也一样。如果你去问那些律所主任，他们也会坦诚地告诉你，他们同样也有焦虑，只是他们的焦虑和咱们的不一样罢了。

焦虑人人有，只是各不同。谁让我们选择了律师这个行业呢？

2. 青年律师超车的初心

律师这个行业经常会被拿来和医生作类比。

如果你是一个患者，可能会更相信老大夫、老中医。长得面嫩的年轻大夫，患者第一眼看上去对他们的信赖度就会降低几分。

律师也一样，越老越吃香。

对于青年律师来说，不管以前的"弯道超车"，还是现在的"变道超车"（或"换道超车"），其实都体现了青年律师内心迫切的愿望——想快速成长起来，超越前辈，独当一面。

这种"提速超车"的可能性，是时代赋予青年律师的机遇。比如大数据和案例检索，即使没做过的案子，通过大数据的分析和案例的研究，至少可以总结出这一类案件的规律。如现代工具，在工作中运用得当就会提升工作效率。

青年律师的优势是乐于接受新鲜事物、求新求变、擅于学习。青年律师想"超车"不是因为焦虑，而是想快速成长。我想，这才是青年律师的"超车"的初心吧。

3. 安全感是自己给的

对于青年律师的安全感从何而来的问题，我对您所说的"安全感来自于信仰＋技能＋稳定收入"很是认同，同时我觉得青年律师的安全感不能仅来源于律所、来源于带我们的师父，而应该来源于我们自己。

我们需要有安身立命的一技之长，需要有擅长的法律业务领域，需要有良好的沟通能力和学习能力，需要用自己的努力获得体面的收入……如果仅仅依靠律所或师父给案源，做一个执行者，恐怕成长的速度会很慢。

所以，安全感并非来自他人，安全感是自己给的。

● 业务积累与待人处世没有先后之分

问：你好，罗律师。如果想进入律师行业，是不是什么时候都不会晚？我毕业两年了，这两年在律所实习待了大半年，但并没学到多少东西。后来进入金融行业，感觉比在律所接触的东西还多。

我在想，如果说做律师要靠积累，是不是一定要在律所一直待着？我是不是可以先学学待人处事，以及如何工作、如何做事，然后再认真做个律师？这一直让我很头痛。

无疑，我是很想做律师。但苦于没有什么资源，更不懂得如何与不同的阶级、不同的立场打交道。又或者说，没有合适的律所，没有合适的团队。请罗律师帮我解答下。

答：感谢陈律师提的好问题，从提问的字数和质量上看，对这些问题你一定有过很深刻的思考，谢谢你对我的信任，愿意和我分享你的困惑。

1. 什么时候做律师都不晚

对于"什么时候开始做律师比较好"这个问题，恐怕很多法律人在做职业规划时一定都碰到过。甚至很多法学生在还没有毕业时就开始思考：毕业后是去机关单位，是去做法务，还是去做律师？这个问题几乎成为法学生择业必提的问题之一。

十几年前我大学本科刚刚毕业时，法学院的学长学姐、我的同班同学择业的首选是留校任教，然后是考公务员，再不济的选择去银行、大企业做法务，最后实在没辙了才会去做律师。

我们班当时有 55 位同学，现在算下来只有 3 个人做了律师。选择律师这条路的人不仅少，而且被认为是考不上公务员的下策之选。

前几年，法官辞职潮刚刚兴起，很多在法院工作了 3～5 年的法官，甚至是做到庭长级别的资深法官纷纷"下海"做律师。那可都是 30 多岁、甚至是 40 多岁的年纪，正值事业的上升期，虽然年龄相对 90 后大了许多，但开始做律师晚吗？也未必。

我自己做律师也是半路出家，在高职院校里工作了多年之后才选择专职做律师。我觉得有其他工作经验再出来做律师既有利也有弊。

有利的地方在于，三百六十行每个行业的底层规律有时是相通的，其他行业的经验并不浪费反而会给你加分。而弊端在于，从律师业务的实操角度看，会形成 95 后的小鲜肉带老学徒的奇特风，老学徒放不下面子和架子，执业初期的焦虑一定是存在的。

当然，就像你说的，什么时候做律师都不晚。只要你怀揣着对律师的信仰，并坚信自己能做一个好律师，就一定能成。

2. 业务积累与待人处事并不矛盾，没有先后之分

你说是否要先学会待人处事之后，再去认真做个律师，这实际上是把律师的业务积累与对外的关系处理割裂来看了。我认为这两者之间并不矛盾，没有先后顺序之分，而应该同时并举、同时进行。

就拿我最近的经历举例，在办理新律所的注册手续时，我除了要和区市司法局、区市行政审批局、律协、银行、会计师事务所进行良性沟通之外，为了让快递的材料快速到我手上，我甚至还要和快递员对接，确保拿到快递后无缝衔接地去各个部门办理各种手续。

而这同时，我还要处理手上的诉讼案件、照顾到非诉的客户、做好新媒体的宣传和日常文章的写作……这些都是同时进行并且同等重要的，真的没有先后之分。

关于如何处理好各种人际关系，对于刚刚毕业初入职场的每个"小白"来说都是必修课。我虽然已经工作多年，但在这方面仍然在不断地自我提升。我推荐你听一听得到 App 的《关系攻略》专栏，里面包罗万象地描述了很多种社会关系的处理场景，我自己学习完很有收获，希望你也一样。

3. 没有适合的就去创造一个

你问到"没有合适的律所，没有合适的团队"怎么办？我的建议是：与其加入一个不适合的，不如自己去创造一个更适合的。

在我刚做专职律师时，加入的团队虽也和谐、年龄结构理想、专业能力扎实，但我很多新的想法和尝试没有用武之地，反而被认为是"不务正业"。为了迎合团队文化，那时的我消沉了好一段时间，甚至关闭了朋友圈，尽量不做个人宣传，但实践证明这样的效果并不理想。

当我发现独树一帜地创建个人品牌，独辟蹊径地扩大宣传，找到志同道合的朋友开始创办新律所，跨界创新的差异化法律服务领域最适合我自己的时候，我对自己说：世界上哪有那么多适合？奇迹都是自己创造的！

既然没有适合你的，那就去自己创造一个。

三 快速试错，成本才低

问：青年律师成长不易，如何降低试错成本？

律师是一个实践性很强，很需要能力的职业。但青年律师比起"律界老司机"而言，一则缺乏能力，二则缺乏资源，甚至有些青年律师面临生存艰难的问题，很难前行。

但由于律师实践性强，想要成长起来需要多做案子，多多参与到实践中，常言道想要得到成长需要多去试错，那么，在青年律师的成长中，降低试错成本，也是青年律师需要思考的一个问题。

答：感谢你的提问，对于如何降低试错成本的问题，我有以下三个建议。

1. 想不如做

很多人说，我的优势之一就是执行力强。在我组建"螺丝群"和"群英荟萃分享会"的初期，也有很多同行私信我，说我做了很多人一直想做的事情。

罗振宇在一次会议上说，"我现在想通了，一个好的想法、好的点子，别等到几个月之后再发布。我现在想好了，今天晚上就干，明天我就上线测试……"你看，想得多好不重要，重要的是去做。有时候想太多反而会畏手畏脚，不敢迈出第一步。

《得到品控手册》一开始发布1.0版本时，我看到的电子书内容没有那么细致，这几天我无意中再打开，它已经升级到3.1.2版本，内容更丰富，可操作性更强了。可见，只有做出1.0版本，才有机会在此基础上升级成为更高级别的版本，才会更加趋近于完美。

有句老话叫"实践出真知"，只想不做，永远也不知道是对是错。

2. 快速转向

我有一个"粉丝",他老家在东北,新疆某大学研究生毕业之后,慕名来天津找我见面,想在天津做执业律师。他向天津多家律所投递了简历、参加了面试,只要感觉律所不适合他的发展,他就会跳转到其他律所。

我知道很多人会对频繁跳槽持反对观点,一开始我也一样。但你可以想一想,既然知道这个方向不对、不适合自身发展,那就不要一错再错,为什么不可以快速转向,快点找到适合自己的呢?

3. 不断复盘

"剽悍一只猫"是一个百万粉丝公众号的知名"公主",前几天,我听了他一场名为《是什么让我们成为百里挑一》的直播。

在直播中他提到,"复盘力"应该成为每个人的一种能力,每天10~15分钟的复盘,想一想今天哪些地方做的好,哪些地方需要再改善;还可以拉一群人定期复盘,建立监督机制,多人一起线上线下联机学习。

两年前我第一次去 iCourt 培训时,他们负责课程运营的小伙伴几乎时时刻刻都在复盘,一天课程下来要复盘至少4次,每次都有总结提升。

不断复盘的威力在于,在每每总结时能看清自己和团队的不足,并找到有效方法补足。如果真的错了,完全可以通过复盘去发现并及时改正,这对于降低试错成本极为有效。

用"剽悍一只猫"的话来说,"复盘才能翻盘"。不断复盘,我们才能不断迭代升级。

四　谁说"活跃社交"就是推杯换盏?

问：青年律师初期的定位应该以"匠人"定位还是偏向"活跃社交"?

答：谢谢提问，我觉得"匠人精神"和"活跃社交"并不是"非此即彼"的关系，正确的社交也会成为我们进步的阶梯。

我认为"匠人"意味着扎实的业务功底，而"活跃社交"难免推杯换盏，容易迷失，但又不能"无社交"，两者的平衡是初级律师甚至是实习律师很难平衡的交叉点。

1. 请客便是请教

以前的我和你的想法一样，觉得喝酒吃饭、交际应酬既不是我自己擅长的，也不愿意通过这种很 low 的方式去"维持生计"。

然而，最近我接触到的两个跨界的牛人颠覆了我的想法。他们都说，过去的一年是他们请客吃饭（或请喝咖啡）最多的一年。请客便是请教，"吃饭力"是走向成功的阶梯之一。

请注意，提升"吃饭力"有三个关键点：一是请客是你掏钱请；二是和谁吃；三是吃的时候请教什么。

为什么我们要主动掏钱请客？你试想一下，一个人很谦虚地给你打电话说要请你吃饭，顺便请教一些你擅长的问题，时间地点你定，你愿意去吗？你肯定愿意并且会有问必答。

至于和谁吃？我想不止是客户，还可以是资深的同行、跨界的牛人，只要你觉得他身上有值得你学习和请教的东西就可以。与厉害的人聊天，在思想的交流碰撞之下，你做事的正确率一定会高很多。

吃的时候你要会点菜、会聊天。吃饭只是沟通的方式，重要的是借助吃饭的时机学到东西。谁说"活跃社交"就是推杯换盏？你要用"吃饭力"把"活跃社交"变成思想盛宴。

2. 如何与牛人社交

如果你想认识一个牛人，你怎样在几分钟之内让他迅速记住你？答案不是给他一巴掌，也不是递名片，而是要积极主动让他知道你是谁？你的优势在哪？你对他有什么价值？

有一次在某个会议上，我遇到了浙江某律师事务所主任。那时我还是一个刚刚出道的律师，也并不知道主任就是当地律协的副会长，我只是曾经在不同场合听其他律师提到过他，所以我很想认识他。

我走上前，边递名片边向他作自我介绍，告诉他我是谁，我在哪里听到过他，知道他在破产法方面非常权威，希望向他学习，最后我加了他的微信。

那时我刚开始每天坚持写作，每天写完的文章会发给包括主任在内的好朋友们监督我，时间长了，他觉得我作为年轻律师很乐于坚持，文章内容也很接地气，所以对我赞赏有加。

我在他的朋友圈发现，他很喜欢摄影，于是经过他的同意我用简书写了一篇关于他的摄影作品赏析。之后他邀请我去他的律所为青年律师做了一次分享，那是我第一次走出天津开始与同行做线下交流。现在回过头看，如果没有上海那次的主动沟通，也许后面的一切都不会发生。

谁说"活跃社交"就是推杯换盏？认识更多比你优秀的人，你才有可能做得更成功。

五 擅于宣传让案源拓展水到渠成

问：青年律师应该如何建立自己的人脉资源，从而拓展案源呢？

答：我认为，可以从下列几个方面入手：（1）通过承办法律援助案件，建立人脉资源；（2）通过第三方平台，进行律师推广；（3）制作律师名片，通过名片介绍自己；（4）通过参与公益性活动进行自我推广。

关于如何拓展案源，有高达30%的青年律师提出了同样的困惑。这说明，很多青年律师都关心和关注这个问题。

其实，拓展案源并非只是青年律师的必修课，资深律师和律所主任也一样。虽然在拓展案源方面我也还在摸索，并不是专家，但我有些想法很愿意与您交流。

我接触过的律师现有大规模运用互联网、电视媒体做宣传，积极参加律协活动、公益活动的；也有闷头做业务，任何活动也不参加，反而认为别人这样宣传没档次、不屑与其为伍的。

这倒不是说只做业务不做宣传不好，但我个人认为青年律师如果擅于宣传的话，拓展案源会水到渠成。

对于青年律师如何利用互联网、新媒体宣传自己，达到案源拓展的效果，我有以下三点想法，希望给您启发。

1. 写专业文章

写专业文章是"海坛特哥"在我做律师的初期给我的建议，至今我还非常受用。当时我写的专业文章以及对青年律师发展的个人感悟发布在"海坛特哥"的公众号之后，很多人通过文章认识了我。

私募刚刚兴起时，我一时兴起写了一篇关于私募的文章，后来虽没有再涉足这个领域，但是确实有客户是看到那篇文章后联系我。

可见，如果你专注于某一个法律领域，一个吸引人的标题，一篇有感悟、有干货、有帮助的文章，是一定能够被传播出去并被有需要的客户看到的。

写完文章之后，可以向知名的微信公众号投稿，他们的粉丝量比较多，会比自己新开一个公众号发布文章要好很多。最好在文章里写上自己的姓名、律所、微信号等信息，起到宣传的效果。

2. 电子名片小程序

以前参加活动时，大家喜欢互换名片，而现在都直接加微信。这说明介绍自己的纸质宣传品已经开始转化为电子宣传品。

有的人把纸质名片拍成照片发给客户，这样虽然可行但仍然不容易被人记住。我推荐制作一个电子名片小程序，它既可以通过微信发给客户个人，也可以发在目标微信群，对方打开之后，小程序会自动留存在对方的微信小程序里，起到宣传"留痕"的作用。

3. 借助新媒体的力量

除了"律师界最爱演讲的技术派律师"这个标签之外，我还有一个标签——"跨界新锐派律师"。所谓跨界，就是要把其他领域的新鲜玩法与律师的工作场景融合在一起。

2017 年 12 月 7 日，我参加了微博"V 影响力峰会"的法律论坛。在论坛上，很多年轻律师已经过微博的平台成了"法律大 V""网络红人"，他们通过写文章、拍视频、回答问题，在微博上积累粉丝、人脉并收获案源，这是借助新媒体自我宣传的方式之一。

新媒体是时代赋予青年律师的加速器，借助新媒体的宣传力量，顺应时代的发展潮流，擅于宣传的青年律师不仅可以树立品牌，案源拓展也会水到渠成。

六　适合自己的路就是最好的路

问：如何开拓自己的案源，找到一条适合自己的专业化道路？

答：我认为案源的拓展，离不开线下的人脉拓展、熟人介绍，也离不开线上的经营，建立自己品牌。

关于"如何开拓自己的案源"的问题，上一篇《擅于宣传让案源拓展水到渠成》的回答希望有所启发，对于"建立个人品牌"借这个机会从以下三个方面交流如下。

1. 差异化标签

建立个人品牌的第一步，是要想方设法让别人知道自己。给自己设立一个独特的标签（可以理解为一句话自我介绍或关键词自我介绍），让别人一下子记住你，即使记不住你的名字，也要让别人记住你的关键词。

例如，我初期为自己设立的标签是："律师界最爱演讲的、演讲界最懂法律的技术派律师"。每次无论线上线下，只要开口做自我介绍，我都把这个标签带出来一起说，说得多了大家也就记住了，一提到爱演讲的天津律师，他们就会想到我。

再如，一提到"网络法"，行内的人都会想到垦丁律所的阿来律师，因为他写的书、他的对外宣讲、他的网络法律服务产品，都突显了他"网络法"这个标签。

所以，所谓"差异化标签"就是：你想让别人记住你什么，你就要在不同场合反复强调什么、不断强化什么、用各种方式去呈现什么。

2. 对外形象塑造

律师对外专业形象的塑造也并未一朝一夕的事情，我认为至少包括以下三个方面：

一是形象照片。2017年4月，我写过一篇文章——《青年律师打造个人品牌的五个建议》，文中提到了个人形象照和团队形象照的重要性。

经过了半年多的沉淀总结，我不仅更加认为形象照对律师来说愈发重要，而且照什么样的形象照也很重要。你可以浏览一下你的微信好友的头像，他们的衣服颜色（黑白蓝灰居多）、手势动作（以双手抱肩居多）几乎都差不多，上下翻动过快的话，恐怕从照片上很难识别。

而如果你的形象照和他们不一样，如衣服颜色更鲜艳、手势动作设计得更具独特性，至少从视觉效果上，别人第一眼会记住你。所以，标签要差异化，形象照怎么拍也要差异化。

二是书面材料。无论是提交给客户的书面材料，还是提交给法院的书面材料，都要体现专业性。从文字排版到专业解读，从旁征博引到校对细节，每一个文字、每一个段落都要饱含专业度。

三是行为举止。我们出席任何一个场合，如律协培训、开会、开庭、到行政机关办事等，都要在行为举止上展现出一名专业律师的形象。沉稳、大度、谦虚、谨慎，你必须做得足够优秀，才会被别人认为：你是他们心目中律师的样子。

3. 适合自己的就是最好的

2017 年 12 月 22 日，时隔近 3 年我再次到天同律师事务所去参观学习。席间有律师同人提问：提成制、公司制、计点制，什么样的律所管理制度是最好的？天同给出的答案是：适合你自己的就是最好的。

律所管理制度是这样，建立个人品牌同样也一样。

给自己贴一个怎样的标签、专注哪一个领域的法律业务、通过传统方式亦或新媒体方式去拓展案源，其实没有统一的标准答案。

别人的成功即使能被复制，也未必在你身上能实现粘贴，归根结底，适合你自己的就是最好的。

七 快速超车的三个硬本领

问： 青年律师如何实现弯道快速超车？

答： 关于如何实现弯道超车登上更大的舞台，我想从以下两个方面阐述。

1. 弯道还是变道？

当我第一次听到青年律师可以"逆袭""弯道超车"的时候，我心潮澎湃、激动不已。一时间，很多青年律师的文章、发言中都援引了"弯道超车"的理念。

某 CEO 在一次演讲中说，"帆船理论"决定了你无法超越同一赛道上的领先者。所谓"帆船理论"是说，领先者会比你更聪明、更有资源、更努力、更难犯错。因此，后来者必须进入不同市场，到不同赛道去竞争。

2017 年 11 月 29 日，马云在世界浙商大会上，再次强调了"换道超车"的重要性。他说，现在要多思考"换道超车"，而不是"弯道超车"，因为，"弯道超车"的成功概率太低。第一，违反交通规则；第二，十超九翻；第三，你已经落后了，人家高手怎么让你超过？"换道超车"在另外一个道上，在另外的思考角度上，抓住下一波。

"换道超车"意味着要转型、要跨界、要发现蓝海、要走出舒适区、要挑战不确定的未知。创业、做企业家是这样，具体到我们青年律师的发展也一样。

2. 如何超车

无论在哪条道上超车，关键是如何超？怎么超？关于青年律师如何超车的问题，我想青年律师如果能修炼以下三个硬本领，不超过对手，起码也能给自己提提速。

（1）提升学习能力

很多人说律师这个行业是一个终身都在学习的行业，你必须不断地学习、进步，才有可能站在原地，不被时代所淘汰。

我们不仅要学习新法条、新思维、新理念，还要突破法律思维的墙，去学学跨界的东西。在看到其他行业、领域做得好的时候，要想一想这些东西我能不能学习借鉴过来？借鉴过来怎么发挥最大效用？然后立刻去尝试。

（2）提升自我驱动力

2016 年 10 月，我加入了一个线上演讲社群，群里的成员每天会把群里的精华汇总成文字、绘制成思维导图、做成海报，他们乐于分享、互相帮助、友善地对待每一个人。没人给他们报酬，也没人让他们这么做，但是他们知道这样做的话，最大的受益者是他们自己，这就是自我驱动力。

之所以被自我驱动力所震撼，是因为大多数人往往不会多做一点职责范围之外的事。前几天我听一位青年律师做分享时说，她每做一件事时总是在不断地问自己：我还能不能为客户再多做些什么？让客户有更好的体验、超出客户的预期？

所以提升自我驱动力，是能够让青年律师快速超车的必备基因之一。

（3）坚持——从量变到质变

"坚持"这件事儿说起来很简单，但做起来很难。坚持的魔力在于：不断坚持的量变，一定会在未来产生质的改变。

《谁说你不能坚持》这本书对我影响比较大，正是看了这本书，我开始每天坚持练习演讲、每天坚持写一篇500字到800字的小文章……所以，后来我有机会在觅法App上开设了《演讲助力律师职场》的专栏，也有机会出版自己的书。

罗振宇在2017年跨年演讲时，给我最大的启发是"人生算法"的理念。他说"人生算法"就是你面对世界时不断重复的最基本套路，找到它、重复它、加强它。他说到了滚雪球的例子，说到了他自己每天坚持录60秒钟的例子，还说到了得到App成功的心法。

所以我相信：只要你认准了一件对你有利的事情，坚持做、重复做，在做的过程中不断迭代和升级，就一定能实现质的改变、一定能成功。

八 企业客户更容易感知可视化的法律产品

问：怎么在执业初期赢得顾问单位？

答：这个问题很具有代表性，对于主要做诉讼业务的青年律师来说，在执业初期赢得自己的顾问单位，在非诉领域打开局面是极为重要的。我认为：（1）突出自己的特点，有针对性地选择顾问单位；（2）先从免费法律服务开始；（3）增加法律服务的附加值。

关于"如何在执业初期赢得顾问单位"的问题，想从以下三个方面谈一谈我的想法。

1. 初期免费

我的第一个顾问单位客户是通过免费咨询得来的。当时，朋友在电话里介绍说这家企业遇上了行政纠纷，让我去现场咨询一下。

我按照地址，单程驱车 20 多公里、开了 50 多分钟，在现场了解情况、审阅资料后又咨询了 2 个多小时。由于我的分析和解答让客户很满意，当天就与这家企业签了一年的法律顾问协议。

可见，免费为有意向的顾问单位客户做法律咨询、提出可行性的法律建议都是很好的选择。当然这也并非药到病除，应该以着眼长远的心态，放"免费的长线"钓"优质的客户"。

2. 可视化产品

2017 年 10 月 14 日，受山东豪才律师事务所周长鹏主任的邀请，借"全球巡回演讲第一站"的机会，我到豪才律所去参观，豪才律所给我留下印象最深的是：他们印制了很多不同种类的"法律知识小册子"。

"法律知识小册子"是豪才律所全体律师日常学习法律知识所总结的结晶，除了周主任写的序言、律所简介、律师介绍之外，难得的是他们把豪才律师们的学习心得集结在一起，连同律所的宣传印制成册。

他们的"法律知识小册子"非常受企业客户的欢迎，每当周主任外出讲座培训、参会或有机会遇到企业客户，他都会送给客户。这种推广效果比单纯地发律所简介、律师名片要好很多。

如果我是客户，说实话我也不一定每页、每个字都看一遍。但是拿到"可视化产品"的小册子，会让我觉得豪才律所的律师专业、好学、可信，因此亲切感和信任感便油然而生。

当然，您也可以另辟蹊径，想想怎样把自己的优势可视化出来，让客户不仅听到，还要看到和感受到。

3. 会议营销

曾经我和坚果云团队交流的时候，他们和我说他们的产品通过培训营销、论坛营销的效果是最好的。

反观我们律师的法律顾问业务，如果我们把法律顾问业务形成特色的法律产品，通过会议营销、培训营销、论坛营销的活动进行推广，我想效果应该不错。

在挖掘案源上，其实我也是摸着石头过河。我特别希望和更多像您一样乐于分享的青年律师们交流切磋，共同成长。

九 青年律师应当具备的十大品质

问：青年律师看起来比较年轻，往往得不到当事人的信任。那么，青年律师该具备什么样的综合素质呢？

答：我认为对当事人的解答要尽量做到最好，最专业。

虽然从大学毕业之后至今，我已经有 13 年的工作经历。但是直到现在，第一面见到我的客户，仍然觉得我很年轻。

青年律师看起来比较年轻，其实并不是一件绝对的坏事情。至少可以向客户传达一个信息：我们的心态年轻、我们富有活力、我们自信不已。

作为青年律师，除了向客户展现我们专业的一面，还应该至少具备以下十大品质。这十大品质，是我真正步入律师职场后，经过实践和体会自我总结的经验，希望对大家有所帮助。

1. 细心

如何体现细心呢？我举一个在律师职场中几乎天天有可能发生的例子——错别字。

有人说，律师个个都是"处女座＋强迫症"，所以不论是法律文书、邮件往来、微信朋友圈文案……只要能出现文字的地方就绝对不能有错别字。

一旦出现了错别字而不自知，在客户面前积累下来的专业可信度也会大大降低。其实不仅是青年律师，任何一个初入职场的年轻人都应当具备"细心"这个职业素养。

2. 多线程工作

2017 年罗辑思维跨年演讲上，罗振宇说了这样一个例子。他说，他朋友的孩子是学霸，在家里边开着电脑、边写着作业、还边用 iPad 放着电影……他惊叹到：现在的 00 后"大脑带宽"足够宽，可以多线程学习。

其实律师工作也一样。我不反对同一时间段专心致志只做一件事，但我更倾向于同一时间多线程地做多项工作。

我发过一个朋友圈，晚上 8 点回到家，我边吃饭、边听网课、边看着"螺丝群"的嘉宾直播、边监督孩子学英语……
多线程工作才是律师工作的常态。

3. 自我驱动力

可以负责任地说，自我驱动力是可以后天习得的。我自己
拥有自驱力也经过了一段时间的锻炼，当我真正发现自己拥有
自驱力的时候，其实最大的受益人是我自己。

当时我所加入的线上训练营的营友，几乎个个都具有自我
驱动力，没有人给他们工资、没有人让他们这么做，他们会自
发组织、互相学习、不断迭代。也就是在那时，我强化了自我
驱动力，刻意练习了演讲的技能，顺带学会了制作海报、录制
线上音频、视频的技能。

4. 擅于解决问题

无论做诉讼还是做非诉，为客户解决问题是律师的核心竞
争力。具体到律师自身的素养也是一样，处理每一件事都是在
用最优方案解决问题的过程。

"我不在乎问题是什么，我只要解决它。"

5. 自信

也许你会发现，很多人在打算做但还没开始做一件事时，
往往会不自信地想象出很多困难，但是，"自信是迈向成功的
第一步。"

有人评价我，说我有"谜一样的自信"。我的自信，是不是
谜一样我不知道，但可以确定的是：自信，没什么不好。

2017 年 12 月 13 日，在北京 798，我见到了"超级 IP"张
萌姐。那天，我和张萌姐说："我正在筹备一家律师事务所，

想做律师界的跨界新锐领袖，但是我不知道行不行……"当时，她看着我的眼睛，笃定地告诉我："你行，你一定行!"

现在，每每回忆起那段场景，我内心依然心潮澎湃。从此，在我的人生字典里没有"不行"两个字。

6. 超出别人预期

几个月前，我曾到天同律所参加开放日活动，有一位青年律师分享说，她的合伙人经常对她说的一句话是："你没有超出我的预期。"

所谓超出别人预期，是说你的思路、你的法律文书、你的可视化呈现……有让别人"哇"一下、眼前一亮、物超所值的感觉。

作为律师，面对客户要超出客户预期，面对团队要超出团队预期，把做 best of the best 当作职业习惯。

7. 注重颜值

这里所说的颜值，既包括律师形象，还包括对外呈现的法律文件。

有多少律师当初是被 TVB 的律政剧忽悠了才走上律师的职业道路？又有多少人民群众心里默认 TVB 里的律师就应该是我要聘请的律师形象？

所以，在外在形象上和形象照上花点功夫，让自己看上去与客户心中专业律师的画像相匹配，是非常必要的。

再说对外呈现的法律文件，且不说文件内容，单从形式上看，文件的字体、字号、行间距、排版，让看文件的客户或法官有愉悦感，也是文书"颜值"的功劳。

正所谓"颜值创造价值",此言不虚。

8. 及时反馈

你是一个靠谱的律师吗？如何定义靠谱？恐怕至少有三个评判标准：凡事有交代、件件有着落、事事有回音，用一个词总结就是：及时反馈。

如果你是刚刚步入职场的律师，你也许会遇到这样的场景：主办律师交办给你的事情，你尽责尽职地办了，但因为没有及时反馈，主办律师不知道你完成的进度和结果，反而对你的工作并不满意。

"受累不讨好"的根源就是没有及时反馈，世界那么大，靠谱最重要。

9. 擅于总结经验

"前人的经验，我们的阶梯"，当律师将自己承办的案件总结出来的经验写成文章，通过各种新媒体发布出去后，没准我们的经验，也会成为别人成功的阶梯。

擅于总结经验不仅是为了个人做总结、为他人做参考，更是一种自我营销。

10. 别等，就现在

有一次我自己去参加某线下活动，活动现场"热心朋友"帮我与嘉宾合影。我请求他立刻把合影发给我，但他却说等晚上再发，后来，就再也没有后来了……

很多人说我有执行力，有执行力的最大特点就是别等，现在、立刻、马上去办。

例如，和客户约见，要定下具体是哪天几点，每一项工作要定好 deadline，并在 deadline 前完成交付。

当然，以上这十个品质，都需要在专业的基础上不断坚持，由内而外，由表及里，这样才能展视律师的魅力与气质。

✚ 新媒体营销是青年律师的机遇

问：青年律师如何利用新媒体进行营销？

答：我认为要积极发表法律评论，追热点。

在我看来，青年律师利用新媒体营销的含义远比积极发表法律评论和追热点要宽泛得多。

没有人会否认"如今的商业根本离不开新媒体"，同理，法律营销也一样。新媒体营销对于青年律师来说，势在必行。

就我自己的理解，新媒体营销从不同的展现形式来看，可以分为文字、图片、直播、音频、视频、小程序等。

1. 文字：可读性强，不用那么长

说真心话，我特别崇拜每每能写几千字甚至上万字长文章的人。但在新媒体时代下，人们的时间和注意力都被碎片化了，当长文章不再适合人们的阅读习惯时，我们就需要适时作出改变。

（1）文章

发布在知名公众号上的文章，建议字数在 1500～2500 字左右，从我自身的体验来看，写文章一是要言之有物，二是要找准看文章的对象。

所谓找准看文章的对象，是说在写文章前，要搞清楚这篇文章要给谁看。是做学术探讨给法学专家看？还是给律师同行看？亦或是给当事人或客户看？受众不同，文章的风格也应该有所不同。

很多青年律师写的文章理论性较强，发布公众号时字体偏小、间距过窄、不分段落，缺乏可读性和排版美感，这样的文章有可能撑不过两秒，读者打开后下拉两下就会关闭。

所以，作为新媒体营销最常见也是最简单的一种方式——在公众号上发布的文章其实不用那么长，但最好排版美观、可读性强。

（2）短评：微博

虽然现在写微博不受限于140个字，但我依然习惯于在微博上写100字左右的短评，当出现热点法律事件时，这100多个字足以表达你的观点和看法。

如果能在微博上申请法律博主、加V认证，你所发布的每一个字都更能由内而外散发出你的气质和特点，勾勒出你自己独特的律师画像，为新媒体营销加分。

（3）朋友圈

无论是转发链接同时评论，还是选择好图片后文字评论，朋友圈到底发多少个字是最适宜的呢？也许你会发现，在朋友圈里写的文字超过6行时不会显示内容，第7行显示"全文"按钮。点开"全文"按钮后，在当前窗口向下展开更多，底部会显示"收起"按钮。

这意味着什么？这意味着在朋友圈写的评论最好以100个

字以内为宜且不超过 6 行。朋友圈每行显示约 18～20 个字，6
行约 108～120 个字。因此，朋友圈发布 100 个字以内，同时
不超过 6 行是最适宜受众阅读的。

为什么要遵循这个"潜规则"？因为多点击一下"全文"
按钮的操作会增加受众的"工作量"，人都是有惰性的，所以
导致的结果多半是：能少点击一下就少点击一下，能不打开
"全文"就不打开。写那么多字被折叠起来，反而起不到新媒
体营销的效果。

2. 图片：一图胜千言

（1）宣传海报：

有句话叫"一图胜千言"，可视化图表是这样，新媒体营
销也一样。

不管是会议通知、招聘启事、分享预告，我都喜欢做成图
片，添加上形象照和二维码，以宣传海报的形式发布在各种渠
道（如朋友圈、微博、微信群或公众号文章）。

因为，宣传图会比纯文字更突出重点、更直接美观、更有
利于传播。

（2）日常工作照

有的律师会把自己的工作日常用图文的形式记录下来，一
方面是自我总结，另一方面也有利于对外宣传。

日常工作照怎么照也有很大的学问，我见过做的比较好的
是会把自己的 logo 放在图片中，或者把 logo 做成水印，放在
照片固定的方位，具有极高的辨识度。

（3）形象照

现在律师形象照已经属于标配，但穿什么样式的衣服照？穿什么颜色的衣服照？摆什么 pose 照？用什么表情照？都需要好好地设计一番。

形象照的目的除了展示律师职业形象外，还有利于放在宣传海报上宣传。所以，为了便于后期修图，照出来的照片最好不要长发飘扬（头发丝不好修图），衣服颜色也不要和背景近似。

3. 直播、音频、视频：有趣有料

（1）直播：花椒、映客、一直播、快手等

直播并不是网红的专利，律师也可以运用这些现代新媒体尝鲜。除了常用的一直播、花椒、映客等长时间直播工具，也可以大胆尝试如"快手"等短视频直播（直播时间约在 1 分钟以内）。

（2）音频

如今，在线上分享知识交流经验已不是什么新鲜事，时下有很多线上分享的平台可供选择，如知乎 live、千聊、小鹅通，或者直接在微信群中用语音直播。

（3）视频

很多人说，新媒体的下一个风口是 3~5 分钟的短视频。这些短视频经过录制和后期加工（如加上字幕、特效、背景音乐、转场效果等），可以发布在如微博或朋友圈中（微信朋友圈只可发 10 秒以内的短视频）。

当然，随着微信小程序的愈发兴起，制作一个专属于青年律师自己的小程序也是必选动作。小程序最大的好处是可以留痕，当受众打开你的小程序后，即会在已打开过的小程序中留下痕迹，当他想玩"跳一跳"的时候，也能看到你。

互联网、新媒体之于青年律师而言是一个最好的时代，青年律师在加强自身专业能力的同时，要抓住新媒体营销带给我们的机遇，利用好这个时代赋予我们的宝贵财富，创造自己更大的价值。

附录二　技能书单

一　律师须能说——演讲

1. 卡迈恩·加洛：《乔布斯的魔力演讲》，中信出版社2010年版。

这本书会让你全身心体验乔布斯的演讲过程。或许他很难被模仿，但是试试看，这会让你的聆听者保持高度的热情和关注，每次开口，让它注定成就一场激动人心的体验之旅。

2. 杰瑞·魏斯曼：《魏斯曼演讲圣经1：说的艺术》，人民大学出版社2012年版。

作者指出，演讲者说了什么以及如何说比他展示了什么更重要，在本书中，作者将教给你说的艺术，让你在每一次演讲中都说服每一位听众，这也是你演讲制胜的金科玉律。

3. 杰瑞·魏斯曼：《魏斯曼演讲圣经2：答的艺术》，人民大学出版社2012年版。

本书作者告诉你，在演讲中最重要的不是你的答案，而是你怎么答。

4. 杰瑞·魏斯曼：《魏斯曼演讲圣经3：臻于完美的演讲》，人民大学出版社2012年版。

作者指出，语言在沟通中的重要性只占7%，动作比语言更重要；演讲者一定要从听众出发，为你考虑，用你称呼，用你组织你的演讲。

5. 彼得·迈尔斯、尚恩·尼克斯：《高效演讲》，吉林出版社 2013 年版。

本书作者在 20 多年的实践中，总结出了演讲中普遍适用的原则和方法，同时，科学解释了当众讲话紧张的原因，并揭示出演讲的真谛——与听众分享。

6. 克里斯·安德森：《TED：演讲的力量》，中信出版社 2016 年版。

作者在本书中分享了成功演讲的五大关键技巧——联系、叙述、说明、说服与揭露——教你如何发表一场具有影响力的简短演讲，展现最好的那一面。

7. 纳塔利·罗杰斯：《会演讲的人成功机会多两倍》，南海出版社 2007 年版。

每个人都会遇到很多在公共场合发言的机会，当你害怕讲话而放弃这些机会，实际上就是放弃了许多次成功的可能。作者用一种独一无二的身心疗法帮你彻底克服演讲恐惧，轻松应对一切演讲。

8. 卡迈恩·加洛：《像 TED 一样演讲》，中信出版社 2015 年版。

作者认为，思想是 21 世纪的货币，想要取得成功，你必须具备推销你的思想以及你自己的沟通力，它是能够帮你取得成功的最伟大的技能。

9. 斯科特·博克顿：《演讲之禅》，机械工业出版社 2011 年版。

作者从大演讲家的角度出发，通过生动的故事和出人意料的自白，使得不管是从事教学的老师，还是学习演讲的新人，都能从中受益，对具有说服力的言语艺术另眼相看。

10. 海因茨·戈德曼：《演讲红宝书》，人民大学出版社 2008 年版。

作者通过系统阐述演讲的相关理论，再据此指引读者的日常实践，颇具实用性。尤其在每章开篇专门设计的四个问题，是指导解决演讲盲点的绝佳技巧。

二 律师须会写——写作

1. 德鲁·埃里克·惠特曼：《吸金广告》，江苏人民出版社 2014 年版。

本书讲述了广告文案具体的写作技巧，从标题到内容写作，从版面到字体选择多方面教读者怎样写出能够打动并最终说服顾客购买的文案。对于律师日常的软文写作，很有指导作用。

2. 丽萨·克龙：《你能写出好故事》，陕西人民出版社 2014 年版。

作者以脑神经科学领域的最新突破以及来源于小说、剧本和短篇故事的诸多实例为支撑，以大脑的体验为切入点，用革命性的视角对故事进行剖析，告诉读者如何写出最吸引人的故事。

3. 劳拉·布朗：《完全写作指南》，江西人民出版社 2017 年版。

写作是律师工作的本命，无论你打算写什么，本书都给出了最简单、直接的建议，明确每种文体的特点、合理规划写作路径、精准掌握读者的心理。本书将颠覆你的写作思维，重塑你的写作习惯！

4. 布兰登·罗伊尔：《一本小小的红色写作书》，九州出版社 2017 年版。

本书从结构、风格和可读性三个方面，列举了 20 条放之四海而皆准的写作原则，包括如何规划表述的观点和顺序，如何使用恰当的例证以及如何增加文章的易读性等，涵盖的技巧几乎适用于所有类型的写作。

5. 罗伯特·麦基：《故事》，天津人民出版社 2014 年版。

本书清晰阐述了故事创作的核心原理，其指导意义不应只被影视圈的人所认识，更应得到小说创作、广告策划、文案撰写人才的充分开发。

6. 罗伯特·布莱：《文案创作完全手册》，北京联合出版社 2013 年版。

本书教你如何通过技巧性的叙述来体现充分的说服力和命中率。书中介绍了如何写出引人注目的标题；揭秘了经验丰富的老鸟创作极具销售力的好点子所遵循的步骤；阐述了如何挖掘一件产品的特色，并将它转化为能强烈吸引顾客的产品功效。

7. 马克·克雷默、温迪·考尔：《哈佛非虚构写作课》，中国文史出版社 2015 年版。

本书聚集全美杰出新闻记者和非虚构作者，分享他们独到的创作经验。涵盖各个方面，从寻找一个好的主题、搭建故事的叙事结构、塑造作品品质，到撰写和出版你的第一本书，是律师日常营销的必读参考。

8. 诺亚·卢克曼：《写好前五页》，中国人民大学出版社2013年版。

本书主要是探讨文稿脱颖而出的关键所在。作者揭露了写出好作品的要素都有哪些，不论你写的是虚构作品、非虚构作品、软文写作还是微信营销，都能从中获得教益。

9. 高杉尚孝：《麦肯锡教我的写作武器》，北京联合出版社2013年版。

本书分为基础篇和实践篇两部分，结合实际案例，系统地介绍了运用逻辑思考，制作一份兼具逻辑力与明确表达力的商务文书所需的诸多方法。这是一本能够学会逻辑思考方法、提高写作能力的实用工具书。

10. 舒明月：《大师们的写作课》，江苏凤凰文艺出版社2016年版。

本书分为内容篇、技能篇和拓展篇，旨在通过三个部分的内容迅速地提升写作能力，从48位文学大师的笔下，找到关于写作的密码。

三 律师须爱搜——检索

1. 斯托特：《法律检索之道》，法律出版社2006年版。

本书为增加法律职业培训者的法律技巧而生，这些内容是被作为律师协会的法律实践培训课程教授和实施的，但是它同时对于希望改进处理日常法律业务能力的任何阶段的法律专业学生也同样适用。

2. 林燕平：《法律文献检索》，上海人民出版社2004年版。

全书主要论述法律文献检索的基础理论和传统方法；介绍法律文献电子期刊和光盘的检索；从技术上介绍网络检索的方法和技巧。

3. 于丽英：《法律文献检索（第3版）》，北京大学出版社2015年版。

这是一本较为全面、系统介绍法律文献信息资源及其检索利用的教科书和参考指南。它可以作为利用各种类型法律资源的学习指导用书，也可以作为各类法律机构检索培训的教材。

4. 高杉俊：《民商法实务精要1、2、3、4》，中国法制史出版社2017年版。

本书内容涉及虽广，但有关法律检索方法的《民商事案件法律检索标准流程》以及其他法律检索类文章，我觉得理论水平与可操作性兼备，推荐。

四 律师须擅思——思维

（一）批判性思维

1. 尼尔·布朗：《学会提问》，机械工业出版社2013年版。

这是个信息泛滥的时代，每时每刻都会遇到各种问题，大到涉及世界经济发展趋势，小到个人生活的决策。作者提出的批判性思维就是要在纷繁中找到突破口，提出关键问题，让众说纷纭的争论立见分晓，让道貌岸然的说谎者原形毕露。

2. 理查德·保罗：《批判性思维：思维、写作、沟通、应变、解决问题的根本技巧》，新星出版社 2006 年版。

本书侧重理论较多，但也易读易懂。作者试图通过批判性思考，达到理性思维，进而增加对事物本质的认知和掌握。

3. 加里·卡比、杰弗里·古德帕斯特：《思维》，中国人民大学出版社 2016 年版。

本书汇聚了多学科专家的智慧，从多个层面剖析思维之意义、成因、结构，以及提高思维水平的策略和方法。

（二）结构化思维

1. 丹尼斯·舍伍德：《系统思考》，机械工业出版社 2014 年版。

本书不仅有助于加深你对系统思考的理解，也为如何使用相关的工具与方法绘制系统循环图，从而解决复杂的问题提供了详细的指南，并展示了通过计算机仿真模拟可以获得的神奇力量。

2. 芭芭拉·明托：《金字塔原理》，民主与建设出版社 2002 年版。

金字塔原理是一种重点突出、逻辑清晰、主次分明的逻辑思路、表达方式和规范动作。人们使用金字塔原理帮助达到沟通的目的则体现在重点突出，思路清晰，主次分明，让受众有兴趣、能理解、能接受、记得住。

3. 李忠秋:《结构思考力》,电子工业出版社 2014 年版。

本书定位于一本金字塔原理通俗版和中国企业本土案例版,内容以金字塔原理这一工具的应用为主框架,新增了作者的观点并侧重于从"结构思考"的角度向大众以更通俗的方式传递结构化思维在思考和表达方面的理念和方法。

4. 王世民:《思维力:高效的系统思维》,电子工业出版社 2017 年版。

对于想全面提升思维能力的读者,建议按照本书章节顺序阅读;对于迫切想寻求具体问题解决技巧或表达技巧的读者,也可以直接阅读相应章节。

(三) 经济学思维

1. 理查德·伊波利托:《给精英律师的 12 堂经济学课》,法律出版社 2009 年版。

本书以通俗易懂的案例贯穿全书,辅以适当的问题和联系。作者强调法律的生命在于经验,针对律师的业务分析经济学的概念和问题。

2. 保罗·海恩、彼得·勃特克、大卫·普雷契特科:《经济学的思维方式(第 11 版)》,世界图书出版社 2008 年版。

经济学作为一种独特的思维方式,与生活中的各种决策息息相关。正如书名所揭示的,经济学的力量就在于它是一种思维方式,而这部教科书引导读者学会经济学推理方式,从而能够像经济学家一样思考问题。

3. 熊秉元,《正义的成本》:东方出版社 2014 年版。

作者以深入浅出的文字,阐释经济行为,建构一套严谨的经济分析架构，并用于讨论契约、正义等法律问题。这些问题的提出和处理方式，显示经济学上的效率和司法学上的正义确有密切的关联及互相启发之处。

4. 郭凯：《王二的经济学故事》，浙江人民出版社2012年版。

本书简洁、深刻，对于大众和经济学界来说，是一本不可多得的高质量的经济学通俗读物，在大众读者、财经圈、媒体界、知识圈都能取得广泛的影响和认可。

五 律师须高效——效率

1. 吉姆·洛尔、托尼·施瓦茨：《精力管理》，中信出版社2003年版。

精力来自体能、思维、情感和意志。想高表现力，就要做精力管理，达到消耗和恢复平衡。本书理念与《高效能人士的七个习惯》中的"不断更新"章节含义相近，但较之更细化。

2. 史蒂芬·柯维：《高效能人士的七个习惯》，中国青年出版社2013年版。

本书在时间管理领域的影响力无出其右。本书将人们对于时间管理的认知提高了一个层级，时间管理不再是简单的把控时间、制定计划，甚至精神上的严格自控，而应该是一种哲学境界，一种能够达到身心平衡的、以变制变的生活方法论。

3. 李笑来：《把时间当作朋友》，电子工业出版社 2009 年版。

这本书从心智成长的角度来谈时间管理，指出时间管理是成功的关键所在。作者讲述如何打开心智，如何运用心智来和时间做朋友，如何理解时间管理的意义，进而开启自己的人生成功之旅。

4. 彼得·德鲁克：《卓有成效的管理者》，机械工业出版社 2009 年版。

本书是管理学领域的必读书籍，是管理大师彼得·德鲁克的得意作品。作者首次提出要通过学会时间管理成为一个卓有成效的管理者。

5. 史密斯：《番茄工作法》，人民邮电出版社 2011 年版。

作者根据亲身运用番茄工作法的经历，以生动的语言，传神的图画，将番茄工作法的具体理论和实践呈现在读者面前。在番茄工作法一个个短短的 25 分钟内，你收获的不仅仅是效率，还会有意想不到的成就感。

6. 格拉宁：《奇特的一生》，外国文学出版社 1979 年版。

这里是要讲述一个将自己的一生用时间来计划的人——柳比歇夫。通过柳比歇夫的时间统计法，来说明时间管理的深刻性。

7. 邹鑫：《小强升职记》，北京出版社 2009 年版。

本书契合"时间去哪儿了"这一时下热点，提倡高效率、慢生活，腾出更多时间陪伴家人，符合时下主旋律。书中分章节打出番茄工作法、猴子法则、四象限法则等组合拳，就是为击垮与生俱来、都市生活常见的拖延顽症，比较适合时间管理入门。

8. 杰夫·戴维森：《1 分钟能做什么》，新世界出版社2013 年版。

本书针对拖延症细化成 60 条有效建议，每条只需 1 分钟即可轻松领悟，让你不费吹灰之力便能打败拖延，比较适合时间管理入门。

9. 佐藤传：《晨间日记的奇迹》，海南出版社 2009 年版。

本书讲述写晨间日记的三大原则和七大作战法则，详细讲解利用档案夹、活页纸，以及 Excel 软件写晨间日记的方法。通过这一方法来培养自己做事的计划性、执行力以及对未来的梦想，从而创造自己人生的奇迹！

10. 崔西：《吃掉那只青蛙》，化学工业出版社 2009 年版。

本书涵盖了一系列实用有效且经得起考验的技巧，这 21 招秘诀帮助你将精力投入到最重要的工作上，克服拖沓，以最短的时间完成最多的工作。

11. 石阪京子：《怦然心动的人生整理术》，湖南文艺出版社 2016 年版。

本书介绍"一旦整理，就不会变乱"的整理方法，讲授按照心动的标准选择物品，按照先丢东西，后收纳的顺序，按照物品类别，进行一次性、短期、完善的整理等，使人通过整理找回人生决断力，找到怦然心动的幸福人生。

12. 凯利·麦格尔格尔：《自控力》，印刷工业出版社2012 年版。

本书为读者提供了清晰的框架，讲述了什么是自控力，自控力如何发生作用，以及为何自控力如此重要。

13. 肯尼斯·齐格勒：《每天节省 2 小时》，中信出版社
2013 年版。

本书旨在提出 3 个疑问，"为什么你在做，你在做什么，
你什么时候做?"

作者简述如何下载并使用"总清单"快速分清目标的先
后次序、完成必须完成的工作、紧急的电子邮件和计划外会议
事先计划等实践方法论。

六 律师须健谈——谈判

1. 罗杰·道森：《优势谈判》，重庆出版社 2008 年版。

王牌谈判大师罗杰·道森通过独创的优势谈判技巧，教会
你如何在谈判桌前取胜，更教会你如何在谈判结束后让对手感
觉到是他赢得了这场谈判，而不是他吃亏了。

2. 斯图尔特·戴蒙德：《沃顿商学院最受欢迎的谈判课》，
中信出版社 2012 年版。

本书以作者讲授的课程为基础，介绍了一整套极其有效、
适用于任何人和任何情境的谈判技巧：孩子和工作、旅行和购
物、商场、政坛、人际关系、文化差异、爱人和伴侣、竞争对
手等。

3. 罗杰·费希尔：《谈判力》，中信出版社 2009 年版。

作者提出了一种"原则谈判方式"。这种谈判方式根据事

情本身的是非曲直寻求解决方案，强调把人和事分开，着眼于利益而不是立场，当双方利益发生冲突时，让谈判结果基于某些客观的标准。

4. 迪帕克·马哈拉：《哈佛商学院谈判课》，湖南文艺出版社 2017 年版。

书中提出了打破僵局、化解冲突的三大关键法则：架构之力、流程之力、同理心之力。用 20 多个引人入胜的经典真实案例，讲述最基础但也是最关键的谈判方法，引导读者应对一切艰难的谈判局势。

5. 盖温·肯尼迪：《谈判是什么》，中国宇航出版社 2004 年版。

本书的每一章都有自测题，经过生动地分析讲解后，以四种动物枭、狐、羊、驴做形象的比喻，说明了不同谈判者的性格及心态，决定着不同的谈判结果。以此来帮助读者判断自己的谈判能力，有效提高自己的谈判策略和谈判技巧。

6. 高杉尚孝：《麦肯锡教我的谈判武器》，北京联合出版社 2016 年版。

在本书中，作者既分享了卓越的逻辑方法，如逻辑金字塔"，以及 MECE、SCQA 等分析法；又以多年经验详解了众多谈判技巧，如 BATNA、问答与让步技巧、需求分析；还用详细的案例教你识破对手惯用的花招，使你在谈判时进退自如。

7. 迪帕克·马尔霍特拉：《哈佛经典谈判术》，中国人民大学出版社 2009 年版。

他们伺机而动；他们善于倾听；他们大智若愚；他们不屑

说谎……他们就是谈判专家。就在本书中，你将亲历谈判专家的与众不同，如作者能说服你开始实践，那么在合上本书的时候，相信你已经从一位谈判新人成长为一位谈判专家。

8. 赫布·科恩：《谈判天下》，海天出版社2006年版。

本书让你发现谈判时可以掌握和预料的，更是可以学习和改善的。正如作者所言：能力是基于领悟力的，如果你认为你能行，那你就一定能行。

9. 威廉·尤里：《内向谈判力》，中信出版社2016年版。

本书是指导你如何将自身内在力量转化为沟通中必胜绝技的经典书籍，从非赢即输到双赢，不需付出任何代价，不需花费太多时间，只需全方位搞定自己，你就能成为一流的沟通者！

10. 赫布·科恩：《谈判无处不在》，广东人民出版社2011年版。

在书中，作者用丰富翔实的案例揭示了谈判中的许多关键策略和技巧，帮助读者洞察对方的软肋，增加自己的筹码，一步步取得胜利。这是一本单刀直入、简单明了的指导书，试图帮助读者成功地通过谈判达成目的。

11. 杰勒德·尼伦伯格、亨利·卡莱罗：《谈判的艺术》，北京大学出版社2012年版。

作者通过一系列丰富翔实的案例揭示了适合现今社会状况的诸多有效的谈判策略和技巧，让你分析对手的动机、想法，使用双方都能接受的沟通语言，一步步取得谈判的胜利。

七 律师须懂心理学——心理

1. 戴维·迈尔斯：《社会心理学（第8版）》，人民邮电出版社 2006 年版。

这本书是很多大学心理系所采用的主导教材，也是人们了解自身、了解社会、了解自己与社会之间关系的最佳的指导性书籍。它以富有逻辑性的组织结构引领学生了解人们是如何思索、影响他人并与他人建立联系的。

2. 理查德·格里格、菲利普·津巴多：《心理学与生活》，人民邮电出版社 2003 年版。

这本教科书写作流畅，通俗易懂，深入生活，把心理学理论与知识联系人们的日常生活与工作，使它同样也成为一般大众了解心理学与自己的极好读物。

3. 古斯塔夫·勒庞：《乌合之众》，新世界出版社 2011 年版。

这是一本心理学领域颇为著名的书籍。古斯塔夫·勒庞在他在书中极为精致地描述了集体心态，对人们理解集体行为的作用以及对社会心理学的思考发挥了巨大影响。

4. 阿伦森：《社会性动物（第9版）》，华东师范大学出版社 2007 年版。

《社会性动物》是阿伦森的代表作之一，被誉为社会心理学的"圣经"。作者并非机械地罗列知识点，而是结合了大量真实案例，讨论如何利用心理学知识解决偏见等现实问题，体现了一位科学大师的人文情怀。

5. 菲利普·津巴多、罗伯特·约翰逊、安·韦伯:《津巴多普通心理学》,中国人民大学出版社 2008 年版。

作者聚焦于心理学核心概念——而这些概念对读者学习心理学导论往往又是最重要的,同时又把那些与心理学核心概念毫无关联的内容摒弃,从而让读者更加集中精力学习、掌握和运用心理学的核心科学原理。

6. 罗杰·霍克:《改变心理学的 40 项研究》,人民邮电出版社 2010 年版。

本书中所囊括的研究是根据心理学教科书、心理学杂志和许多心理学分支学科的权威专家的建议精心挑选出来的。作者所选的这些研究在心理学史上,也许是最著名、最重要或是最具影响的。

7. 丹·艾瑞里:《怪诞行为学》,中信出版社 2010 年版。

这是一本经济学与心理学知识跨界的通俗读物。作者用轻松幽默的方式告诉我们很多事情的原因,又该如何改变。他比很多的专家都更好地揭示、解释了我们不可思议的行为背后的原因。

8. 埃里克·霍弗:《狂热分子:群众运动圣经》,广西师范大学出版社 2011 年版。

这本书主要探讨群众运动的一些共有特征,重点是陷入狂热的乌合之众的人格。作者揭示了积极投身群众运动的人群性格特征,以及他们的心理状态。

9. 海伦·帕尔默:《九型人格》,华夏出版社 2006 年版。

九型人格是一种深层次了解人的方法和学问,它按照人们的思维、情绪和行为，将人分为九种：完美主义者、给予者、实干者、悲情浪漫者、观察者。怀疑者、享乐主义者、调停者。

10. 乔纳森·海特：《象与骑象人》，中国人民大学出版社2008年版。

作者提出，人的心理可分为两半，一半像一头桀骜不驯的大象，另一半则是理性的骑象人。这两个分裂的部分，使得人们常常陷于理性与非理性的思想争战之中，而这种争战影响着我们的决策。

11. 斯科特·派克：《少有人走的路》，吉林文史出版社2007年版。

这本书处处透露出沟通与理解的意味，它跨越时代限制，帮助我们探索爱的本质，引导我们过上崭新、宁静而丰富的生活；它帮助我们学习爱，也学习独立；归根结底，它告诉我们怎样找到真正的自我。

12. 基思·斯坦诺维奇：《这才是心理学（第9版）》，人民邮电出版社2014年版。

以科学的精神和批判性的思维方式，利用科学研究的方法与工具探讨人类的心智和行为，丰富我们对自我、他人以及社会中人与人之间关系和互动的理解——这才是心理学！

八　律师须打造品牌——营销

1. 罗伯特·西奥迪尼：《影响力》，人民大学出版社2006年版。

在这本书中，作者为我们解释了为什么有些人极具说服力，以及隐藏在顺从他人行为背后的六大心理秘笈。那些劝说高手们，总是熟练地运用它们，让我们就范。

2. 艾·里斯、杰克·特劳特：《定位》，中国财政经济出版社2002年版。

现在说起定位人人都知道，个个都会谈，但是真正懂定位的人却少之又少。作者揭示了一个普遍的误区：脱离了心智这个基础来谈定位，会产生大量的伪定位。

3. 菲利普·科特勒、凯文·莱恩·凯勒：《营销管理》，上海人民出版社2006年版。

这是一本经典的教科书，一部营销学领域的圣经，一卷惠泽数亿人的巨著，历经四十年考验。从一定意义讲，作者定义了营销的标准和基础。

4. 柏唯良：《细节营销》，机械工业出版社2009年版。

柏教授通过书中多个生动、有趣的案例把营销最根本的大原理通俗易懂地传授出来，书中的营销方法对公司经营的帮助直接有效，拿来可用！

5. 里斯·特劳特：《22条商规》，山西人民出版社2009年版。

本书中，营销大师里斯先生为消除市场营销过程的神秘与误区，总结了他们数年来对市场基本原理和问题的研究，把他们的研究成果浓缩归纳成影响与决定市场营销成功和失败的22条法则。

6. 杰克·特劳特、史蒂夫·瑞维金:《新定位》,中国财政经济出版社 2002 年版。

本书重点提出两大核心话题:(1)如何寻找好的定位。(2)如何进行再定位。作者在书中进行了大量的案例研究,具体展示和讨论再定位的要素与方法,其研究的实用性和实战性,在具体的企业经营中非常有用。

7. 里斯、杰克·特劳特:《商战》,机械工业出版社 2011 年版。

本书重点阐述了商战中的四种常用战略形式,如防御战、进攻战、侧翼战和游击战,针对每一种形式又提出了三条应遵循的原则,以及如何在具体的商战中应用这些原则。

8. 马尔科姆·格拉德威尔:《引爆点》,中信出版社 2009 年版。

本书是一本谈论怎样让产品发起流行潮的专门性著作。书中将产品爆发流行的现象归因为三种模式:个别人物法则、附着力因素及环境威力法则。作者在书中详细地指导了我们如何去寻找目标客户中的传播员、内行与推销员。

9. 威廉·庞德斯通:《无价》,华文出版社 2011 年版。

在心理学实验里,人们无法准确地估计"公平价格",反而受到无意识、不理性、政治等不正确因素的强烈影响。作者在书中就把这些发现应用了起来,尤其帮助商务人士谈成交易。

10. 马贺安:《生存与尊严》,法律出版社 2009 年版。

作者在本书中提到的尊严营销令我印象深刻,作者把律师比作智者，类似医生于病人，因此那些容易丢掉律师尊严的营销之术要摒弃。

11. 乔纳·伯杰，《疯传》：电子工业出版社 2014 年版。

这本书将为你揭示这些口口相传和社会传播背后的科学秘密，并且告诉你如何将产品、思想、行为设计成具有感染力和传播力的内容。